ANALYSIS OF THE ECONOMIC EFFECTS OF
ANTITRUST CHALLENGES TO
TYING STRATEGIES

搭售策略反垄断质疑的
经济效应分析

李 叶◎著

经济管理出版社
ECONOMY & MANAGEMENT PUBLISHING HOUSE

图书在版编目（CIP）数据

搭售策略反垄断质疑的经济效应分析/李叶著 . —北京：经济管理出版社，2024. 4
ISBN 978-7-5096-9578-4

Ⅰ.①搭…　Ⅱ.①李…　Ⅲ.①企业管理—反垄断—研究—中国　Ⅳ.①F279. 24

中国国家版本馆 CIP 数据核字（2024）第 026828 号

责任编辑：赵天宇
责任印制：许　艳
责任校对：陈　颖

出版发行：经济管理出版社
　　　　　（北京市海淀区北蜂窝 8 号中雅大厦 A 座 11 层　100038）
网　　　址：www. E-mp. com. cn
电　　　话：（010）51915602
印　　　刷：北京市海淀区唐家岭福利印刷厂
经　　　销：新华书店
开　　　本：720mm×1000mm/16
印　　　张：10
字　　　数：149 千字
版　　　次：2024 年 4 月第 1 版　　2024 年 4 月第 1 次印刷
书　　　号：ISBN 978-7-5096-9578-4
定　　　价：78. 00 元

序　言

捆绑和搭售策略理论作为产业组织理论的核心问题之一，主要是研究企业搭配销售的策略性行为对市场均衡的影响。近年来，欧美国家涌现出大量与搭配销售有关的反垄断诉讼，通过对相关案例的分析我们发现，对捆绑和搭售策略的不同理解往往会造成判案结果的重大差异，这使学者逐渐意识到对捆绑和搭售策略进行理论研究的重要性和迫切性。

我们通常把捆绑定义为不同的产品以固定的比例同时出售，与捆绑相对应的即为独立销售。捆绑有两种最基本的方式，即纯捆绑（Pure Bundling）和混合捆绑（Mixed Bundling）。纯捆绑是指只销售捆绑的产品，而不销售独立产品。混合捆绑是指企业既提供捆绑产品，也提供独立产品。一般认为，只有当捆绑产品的价格低于单独销售产品的价格之和，也就是说，当存在捆绑折扣时，同时提供捆绑产品和独立产品才被认定为是混合捆绑。所谓搭售（Tying）是指销售商要求购买方在购买一种产品的同时也必须购买另一种产品，在这种形式的销售中，两种产品以可变的比例一起出售。捆绑和搭售对市场竞争产生的多维度经济效应，综合来看可以分为两种：效率效应和策略效应。效率效应大都有利于社会总福利，而策略效应对福利可能产生负面影响。搭配销售对福利的不确定影响造成了针对搭配销售的反垄断判案始终存在争议，这便引起国内外学者对搭售进一步进行深入的研究。

对捆绑和搭售的理论研究最早可以追溯到 Cournot 在 1838 年对多产品寡头垄断企业互补品定价的分析，但是其理论发展并没有引起学术界的足够重视。搭售理论发展至今，大致经历了由古典学派到芝加哥学派再到现在的后芝加哥学派这三个阶段，相应地，对搭售的反垄断判案原则也由原来的本身违法原则发展为现在的合理推定原则。最初对搭售以本身违法原则判案的理论依据是古典学派提出的杠杆理论。杠杆理论认为，对一个市场拥有垄断势力的企业通过搭售可以将垄断势力传递到竞争性产品市场上。然而，芝加哥学派强烈地抨击了杠杆理论，并提出了单一垄断利润理论，认为垄断企业只能在一个市场上获得垄断势力，搭售并没有杠杆效应。至此，对搭售本身违法的反垄断判案原则也开始面临挑战。鉴于芝加哥学派的理论研究存在诸多缺陷以及理论假设与现实极大不符，后芝加哥学派开始了大量研究，修正了芝加哥学派的基本观点，使搭售理论的研究日渐完整，这些学者的研究又重新认可了杠杆理论。从后芝加哥学派开始，学者对搭售的研究主要关注搭售引起的策略效应，这也是反垄断判案所关注的核心问题。目前，对搭售策略效应的研究较多关注杠杆效应、价格歧视效应、市场排斥效应、阻止进入效应、产品差异化效应、研发效应等。由于理论研究建立在一些基本假设的前提下，研究结论的适用范围往往是有限的，这就需要根据具体问题进行具体分析，以使理论研究更大限度地发挥对现实的指导作用。本书在现有的一些文献的基本研究框架上，进一步完善了对搭售策略效应的研究。

本书研究捆绑和搭售的经济效应问题，通过理论研究分析了捆绑和搭售的杠杆效应、价格歧视效应、研发效应以及通过捆绑获得竞争优势的策略效应，结合理论分析对相关案例做进一步的说明，并根据理论研究的基本结论对政府和反垄断机构提供一些政策建议。具体来说，本书研究包括以下几个部分：

（1）第二章系统回顾了捆绑和搭售的相关理论研究，总结了国内外学者对捆绑和搭售进行的研究。简单地介绍了美国以及欧盟反垄断法有关搭售和混合捆绑的法律约束以及一些经典的反垄断案例，为理论研究提供现实依据。

（2）第三章主要研究对基本品拥有垄断势力的企业搭售互补产品的策略动因以及搭售引起的福利效应。本章的模型假定消费者偏好是连续分布的，垄断企业通过搭售可以根据消费者对互补产品需求强度的不同来实行价格歧视。同时，本章的研究可以得出垄断企业搭售的充要条件。此外，本章模型的分析可以从一个角度解释柯达企图垄断售后市场的案例——柯达拒绝提供零部件的销售策略将第三方服务的提供者排斥在先进设备的售后市场之外，此举引发了对柯达的反垄断争议。

（3）第三章对互补产品搭售问题的研究假定消费者对基本品的需求是单位需求，而对互补产品的需求是多需求。在这个假定下，两种互补产品正好满足强互补关系，强互补意味着两种产品需求的比例只与其中一种产品的价格有关。强互补关系是互补产品中较特殊的情况，而对搭售的结果也会产生根本性的影响。本书第四章放弃强互补关系的假定条件，在消费者对两种产品均为多需求的条件下研究对一个产品拥有垄断势力的企业通过搭售竞争性互补产品能否获利的问题。

（4）第五章运用 Mathewson 和 Winter（1997）的研究方法，研究在第一期产品市场上拥有专利权从而成为某产品生产的垄断商，在第二期产品市场上专利到期因而面临竞争时垄断企业的搭售激励以及搭售的经济效应。我们假定两期产品市场的需求是随机相关的，因而，垄断企业通过搭售可以将其第一期拥有的专利权延长至第二期，从而在两期市场上均获得垄断利润。在特定条件下，搭售是帕累托非劣的，因此禁止企业搭售并不能提高社会福利。此外，本章模型为耐用品搭售的研究起到了一定的铺垫作用。

（5）第六章以电信市场上企业之间的竞争为背景，在 Choi（2008）及 Armstrong 和 Vickers（2010）文献研究的基础上，研究生产完全互补产品的寡头企业使用"混合捆绑"策略进行价格竞争的情况。本章建立了一个动态分析框架，既分析了单边混合捆绑策略的市场效应，又分析了双边混合捆绑策略的市场效应，此外本章的研究还内生地确定寡头企业的最优销售策略，比以往的分析更为全面和完整。除理论研究的价值外，本章模型所研究的问题可以很好地解释电信市场竞争中电信运营商和手机生产商所使用的捆绑销售策略及其对市场竞争的影响，并且本章的研究为这种捆绑销售策略的反竞争性提供了一个分析的视角。

（6）第七章以捆绑在电信竞争中的研发效应为例，基于一个纵向差异化模型，研究垄断企业独立产品捆绑销售策略对市场价格、市场竞争性的影响，以及存在研发竞争时捆绑对竞争性产品研发激励的影响。已有文献对研发效应的考察都是关注成本降低的研发效应，而本章研究的质量研发效应完善了对研发效应的理论研究。本章的研究与 Choi（2004）研究的主要不同之处在于：Choi 的研究是基于一个横向差异化的模型，关注产品价格博弈和 R&D 博弈之间的关系，而本章是基于一个纵向差异化模型研究捆绑的策略效应，并且关注两种产品 R&D 博弈之间的关系。此外，本章的研究可以在一定程度上解释电信将宽带业务与 IPTV 业务捆绑销售与广电进行竞争的策略。电信的捆绑销售增强了其在 IPTV 业务上与广电的竞争性，使广电不得不大量投入以进行服务创新和改造。

本书在已有的研究基础上对捆绑和搭售的经济效应做了进一步研究，相比已有文献的研究，本书的贡献有以下几个方面：①在消费者偏好连续分布的假定下研究，可以得出垄断企业实行搭售策略需要满足的充分必要条件，并且对柯达案的分析提供一个视角；②假定消费者对搭售品与被搭售品都是非单位需求，因而两种产品不再是强互补关系，研究结论更具有一般性；③分析了产品在两期市场都存在的情况下搭售的杠杆效应，这对耐用品搭售问题的研究起到一定的铺垫作用；④对生产完全互补产品的寡头企业使用"混合捆绑"策略进行价格竞争的研究，较 Choi（2008）只研究单边捆绑问题以及 Armstrong 和 Vickers（2010）只研究双边捆绑问题的静态分析更为全面和完整，此外还采用非单位需求下的动态分析方法，更具有现实的解释力，并且研究可内生确定企业最优策略选择；⑤研究了捆绑的质量研发效应，弥补了目前只关注成本研发问题的不足。本书的多个研究实际上涵盖了捆绑与搭售反垄断案例的多个现实背景和先决条件，丰富了思考该类反垄断案例的角度，也是对搭售理论的进一步完善。

本书能够付诸出版，感触良多的不仅是自己多年科研工作终于有所成果，更多的是在浩瀚学海中知识积累的艰辛。我要感谢所有给予我智慧的伟大学者们和老师们，尤其是我的恩师。另外，感谢我的家人和朋友们的支持。

献给：

我的爱人和小宝贝们！

李叶

2023 年 5 月

目　　录

第一章　捆绑和搭售的定义

捆绑和搭售是各国反垄断法锐意打击的保留目标，因为它被视为"不正当竞争"行为中的一种。近年来在美国和欧洲的许多重大反垄断案件中，搭售安排已经成为一个备受争议的议题，其中的典型案例有：微软将操作系统与浏览器和媒体播放器搭售案、维萨卡和万事达卡案、通用电气和霍尼韦尔的兼并案（该兼并遭到欧盟委员会的阻止）。微软案——微软公司在美国市场上将其具有市场垄断地位的操作系统与 IE 浏览器捆绑销售，在欧洲市场上将操作系统与媒体播放器捆绑销售①，因此微软在欧美两地均受到反垄断法的制裁。维萨卡与万事达卡案——美国信用卡协会将借记卡（Debit Card）与信用卡（Credit Card）搭售，因而触犯反垄断法，判决结果要求两个信用卡协会分别支付给商家 20 亿美元和 10 亿美元以降低商家的交换费（Interchange Fees）。通用电气和霍尼韦尔的兼并案——反垄断法认为，两个公司兼并后可能会实行"捆绑销售"，因此会对喷气式飞机发动机与航空电子设备市场的竞争产生影响②。如果抛开法律问题而从经济学角度去关注，这些案件引发了一个共同的

---

① 欧盟委员会判决微软滥用其个人电脑 Windows 操作系统"近似垄断"势力的行为是有罪的，并处以罚金 4.97 亿欧元。微软就此项判决提出上诉。

② 2001 年，欧盟委员会阻止了这个已申报的兼并。此案上诉到欧洲初审法院（CFI）。2005 年 12 月，欧洲初审法院支持了欧盟委员会对通用电气和霍尼韦尔兼并案的决定，尽管欧洲初审法院发现欧盟委员会对这次兼并混合与纵向影响的评估有误。

政策问题：如何将具有限制市场竞争效应的捆绑和搭售行为与市场竞争中因效率效应而普遍存在的捆绑与搭售行为进行区分——不同成因的捆绑与搭售行为将产生不同的经济效果，这才是反垄断法制裁是否应当成立的关键。若要想对这两种情况进行区分，需要全面分析捆绑和搭售的效率效应和策略效应。

一、搭售的法律界定

相对于捆绑行为而言，原则上说搭售行为在反垄断历史中受到了更多的关注（Areeda and Hovenkamp，2000）。一个较大的捆绑折扣有时即被认为构成了实质上的搭售，混合捆绑本身也在欧洲遭到很大的质疑（Kallaugher and Sher，2004）。欧盟委员会和美国法院认为对待搭售应该毋庸置疑地采取与对待价格操控同样的态度，因此在欧盟和美国的反垄断案例中，反垄断当局都认为搭售行为本身是违法的。这意味着，无须对该行为的市场竞争效应进行任何考察而直接判定有罪，也就是说无须对搭售行为任何促进竞争的辩护理由加以考虑。虽然欧盟和美国的反垄断法在对搭售行为的判定态度上大体一致，但是细节中则有不同的考虑。

（一）美国的搭售法律

只要同时符合以下四项条件，美国的法院就可以根据"本身违法原则"定罪：①有两种商品牵涉在内。②顾客能否购买其中一种商品，取决于他是否购买了另一种商品。③企业对其中的捆绑商品拥有垄断地位。④被捆绑商品在跨州市场上受到了显而易见的影响。立法者认为，企业运用捆绑销售策略可以把他们在"捆绑商品"市场上的垄断力扩展到"被捆绑商品"的市场上去，那么捆绑销售就不仅违反了《谢尔曼法》第 1 条关于"限制贸易"的规定，还违反了第 2 条关于"进行或企图垄断"的规定。美国法院的这些立法执法依据主要是依赖于古典学派提出的杠杆理论。

美国关于搭售的法律是基于最高法院对杰斐逊教区医院一案的判决[①]形成的。医院与一些麻醉师签订排他性医疗协议，同时要求外科手术病人选择其所提供的麻醉师，与这些麻醉师相竞争的其他麻醉师指控这种搭售行为属于非法行为。鉴于这种指控，最高法院提出了一种新的检验搭售行为的方法，该方法在反垄断判案中对搭售行为的判定较以前的方法更为宽松。具体思想是，若有两种独立的产品，对其中一种产品拥有垄断地位的企业要求消费者同时也要购买另外一种产品，这种要求如果对州际商务造成一定的非细微的影响，那么这时的搭售行为就是违法的。除此之外，如果消费者对于被搭售的产品有足够大的需求以致该产品可以被独立地提供，那么这两个产品就是独立产品。最高法院同意上诉法院对外科手术与麻醉师服务是独立产品的认定，但是最高法院最后却认为该搭售行为并未违法，因为杰斐逊医院并不具有市场势力。该判决结果引发了各界对该检验方法的广泛质疑：如果搭售不具有效率，并且搭售企业没有市场势力来获得额外的垄断利润，那为什么最初要签订搭售协议？一个合理的解释就是，搭售在现实中是许多企业公开采用的一种常见的营销方式，这与价格操纵行为还是有本质的不同的。如果是这样，那么竞争主管当局已经忽略了许多可能被起诉的案件，那些被卷入案件的企业是因为经营状况发生显著变化才引起了当局的关注。

2004 年 3 月，欧盟委员会认为微软涉嫌非法搭售行为。微软在销售 Windows 操作系统时捆绑了多媒体播放器，且并没有提供不附带多媒体播放器的 Windows 操作系统。欧盟委员会要求微软删除其 Windows 操作系统中所附带的 182 个媒体播放器相关文件，不过微软仍旧可以按照原先完整版本的销售价格出售操作系统。

微软也面临美国司法部对其将操作系统和浏览器进行搭售的指控。地区法

---

① 杰斐逊教区第二地区医院诉海德（Hyde），104 S. Ct. 1551（1984）。

院认为，在杰斐逊教区医院案的检验方法下，该行为是非法的。上诉法院提出了标准的本身违法原则的一个适用例外情况，即"软件平台"例外，并因此将该案驳回，要求按照"合理推定原则"判案。之后，司法部决定不再提出指控。

然而，微软并不是唯一一个面临搭售指控的企业。2003 年 4 月，万事达卡组织和维萨卡组织以总共 30 亿美元的罚金了结了一起集体诉讼案件，并且做出了很大的让步，因为地区法院在最终判决及陪审团审判时发现，该银行卡协会几乎符合所有适用于非法搭售行为检验的条件。该银行卡协会要求商户在受理其信用卡的同时也要接受其借记卡（作为众所周知的"众卡通用规则"的一部分）。最终裁决结果，银行卡组织允许商户受理其信用卡而无须同时接受其借记卡。

（二）欧盟的搭售法律

喜利得（Hilti）公司案是欧盟关于搭售反垄断案例中较具代表性的案件①。喜利得公司要求消费者在购买枪筒的同时也要从它那里购买枪钉，属于典型的搭售行为。因为，很显然枪筒和枪钉必须搭配使用，只有特定数量的枪钉才能装入枪筒中，且枪筒和枪钉的使用都是一次性的。喜利得公司在生产枪筒方面拥有专利权，但欧盟法院判决这种搭售行为是违法的，其判案依据是，枪筒和枪钉被认为是独立产品，且喜利得公司在枪筒生产上具有市场支配地位②。

许多经济学家认为，该案的判决应该直接依据芝加哥学派提出的单一垄断利润理论，即垄断企业只能在一个市场上实施垄断势力。喜利得公司在枪筒市场上拥有垄断势力，可以获得枪筒市场上所有垄断利润，而消费者对枪筒和枪钉以固定比例消费，根据芝加哥学派的理论，喜利得公司不会在乎是否以竞争性价格销售枪钉。加之枪筒是一次性的，枪钉和枪筒是按照一定比例搭配使用

---

① 喜利得公司是一个生产建筑用钉枪的公司，钉枪是由独立的钉枪筒和枪钉组成的。

② 案件 C-53/92P，喜利得集团总公司诉欧盟委员会［1994］. ECRI-667。

的，因此，基于价格歧视的分析也无法解释该行为是违法的。喜利得公司声称其搭售行为是出于使用安全的考虑，这种解释似乎比基于杠杆垄断势力和实行价格歧视的解释更具有说服力。

（三）欧美法律对混合捆绑的反垄断约束

混合捆绑问题要比普通的搭售问题分析起来更为复杂，欧盟和美国反垄断法判定混合捆绑行为也有很多的争执，混合捆绑在某些情况下会限制市场竞争，因此对混合捆绑的判定关键在于定价。混合捆绑限制竞争最简单的情况是，企业虽然提供独立产品，但会通过定价来达到与搭售同样的效果。其中一些案件涉及的混合捆绑问题，就表现为其定价是将竞争者排斥出市场。

欧洲初审法院在几个案件中发现，忠诚折扣实际上违反了《欧盟运行条约》第102条的规定。这包括了购买不同种类的轮胎以及向使用某一特定航线的旅行社提供折扣等。因为忠诚折扣实际上是在鼓励消费者从一个企业购买多种产品，从社会福利的角度考虑，可能造成过度忠诚问题。

美国法院曾有一起存在较大争议的判决，第三巡回法院判定3M公司[①]为购买多种3M产品的消费者提供折扣的行为违反了《谢尔曼法》。然而做出此判决时显然缺乏证据证明3M公司单个产品的价格低于边际成本（Rubinfeld，2005）。

美国和欧洲反垄断权威机构对捆绑的审核也曾有过重大分歧，这更增强了学者对捆绑案例的关注。例如，美国和欧洲法院对2001年通用电气公司（GE）和霍尼韦尔公司（Honeywell）超过400亿美元合并案的判决结果大相径庭。通用电气公司的业务包括了从塑料、电视机，到金融服务、动力系统、医学成像，以及照明的每一个领域。在航空领域，通用电气一方面自己生产飞机发动机（GEAE），另一方面也在CFMI（通用电气与法国公司SNECMA以

[①] 3M公司全称明尼苏达矿务及制造业公司（Minnesota Mining and Manufacturing），是世界著名的产品多元化跨国企业。

50%：50%比例合资的公司）生产飞机发动机。由于CFMI是波音最流行的737飞机发动机的唯一供货商，这便成就了通用电气大部分的发动机销售额。霍尼韦尔从供暖系统和环境控制系统领域起家，并且随着时间推移，在航空领域取得了领导地位。通过一系列合并，霍尼韦尔在航空电子设备领域的地位更加稳固，其中最引人注目的是1986年对Sperry Aerospace的收购以及1999年与Allied Signal的合并。2001年，霍尼韦尔的230亿美元收入中，几乎有一半来自其航空部门。2001年，通用电气宣布合并霍尼韦尔公司，美国司法部通过了此案的审核。由于通用电气和霍尼韦尔在欧洲均有一定的销售规模，因而这项合并也必须得到欧盟委员会的批准①。2001年7月3日，欧盟委员会宣布阻止合并，主要是出于对捆绑的担心。欧盟委员会提出了三个相互关联的观点来反对该合并：第一，通用电气在大型商用飞机的发动机市场上具有支配性地位，而霍尼韦尔在航空电子设备和非航空电子设备领域具有领导地位。第二，这项合并将使新的公司能够捆绑销售互补型的产品，而捆绑销售的战略将导致价格折扣，从而使合并后的公司获得其竞争者无可匹敌的竞争优势。第三，这种竞争优势将导致竞争对手退出，进而增强合并之后通用电气的市场支配地位。正如《EU最终决议》（第355段）中所解释的：因为竞争者没有能力与捆绑销售相对抗，飞机零部件的供货商们会因合并公司的获利而丧失市场份额，并很快遭遇灾难性的利润缩水。结果是：合并将导致现有飞机零部件市场的关闭以及随后这些领域中市场竞争的消退。此案审核结果的分歧增强了学者对这个案子的关注，同时引起了学者对捆绑销售引发的新问题的进一步研究。可见，对捆绑、搭售的反垄断判案也是一个复杂的经济学问题，捆绑和搭售的策略效应对市场竞争环境和社会福利潜在的不利影响是引起反垄断关注的重要原因。

---

① 欧盟委员会有权审核所有的合并、兼并和吞并竞标以及能被定义为"行业集中"的其他交易，只要参与这些交易的企业在世界范围内的总营业额超过50亿欧元，并且在欧洲的销售额超过2.5亿欧元（见欧盟委员会新闻发布IP/01/939）。另外可参阅1987年颁布，并在1997年修改过的《欧盟兼并控制规定》的第1.2节（a）和（b）部分。

（四）中国法律对搭售行为的禁止

1993 年通过的《中华人民共和国反不正当竞争法》第十二条规定：经营者销售商品，不得违背购买者的意愿搭售商品或者附加其他不合理的条件。从此条款的规定中我们可以看出，搭售违法的构成要件是"违背购买者意愿"，但这并未揭示出搭售违法的本质原因。后来《中华人民共和国反垄断法》（以下简称《反垄断法》）和《工商行政管理机关禁止滥用市场支配地位行为的规定》（以下简称《规定》）又明确了对企业搭售行为的法律约束。2007 年 8 月 30 日第十届全国人民代表大会常务委员会第二十九次会议通过的《反垄断法》第三章有关滥用市场支配地位中的第十七条规定：禁止具有市场支配地位的经营者从事下列滥用市场支配地位[①]的行为：①以不公平的高价销售商品或者以不公平的低价购买商品；②没有正当理由，以低于成本的价格销售商品；③没有正当理由，拒绝与交易相对人进行交易；④没有正当理由，限定交易相对人只能与其进行交易或者只能与其指定的经营者进行交易；⑤没有正当理由搭售商品，或者在交易时附加其他不合理的交易条件；⑥没有正当理由，对条件相同的交易相对人在交易价格等交易条件上实行差别待遇；⑦国务院反垄断执法机构认定的其他滥用市场支配地位的行为。从《反垄断法》的规定中，我们可以看出判定搭售违法的标准有两个：一个是经营者滥用市场支配地位；另一个是没有正当理由搭售商品。因此，我们有理由认为《反垄断法》的判定标准已揭示出了搭售违法的本质原因：滥用市场支配地位、延伸垄断势力和限制市场竞争。

国家工商行政管理总局令第 54 号公布的《工商行政管理机关禁止滥用市场支配地位行为的规定》，对禁止搭售的有关行为有更明确和具体的规定。《规定》的第六条明确禁止具有市场支配地位的经营者没有正当理由搭售商

---

① 《反垄断法》所称的市场支配地位，是指经营者在相关市场内具有能够控制商品价格、数量或者其他交易条件，或者能够阻碍、影响其他经营者进入相关市场能力的市场地位。

品，或者在交易时附加其他不合理的交易条件。具体行为包括以下四个方面：

（1）违背交易惯例、消费习惯等或者无视商品的功能，将不同商品强制捆绑销售或者组合销售；

（2）对合同期限、支付方式、商品的运输及交付方式或者服务的提供方式等附加不合理的限制；

（3）对商品的销售地域、销售对象、售后服务等附加不合理的限制；

（4）附加与交易标的无关的交易条件。

促使我们对搭售进行理论研究的政策因素正是各国反垄断法对于捆绑和搭售行为的处理方式。然而，搭售行为的福利效应一般来说是模棱两可的，因为搭售即使存在对福利不利的排他效应，但也存在有利于福利的效率效应。微软将 IE 浏览器和媒体播放器与它具有垄断势力的操作系统搭售就是一个有力的例证。一些文献研究表明，微软这样的技术搭售在一些特定条件下具有排他性，但与此同时，将产品捆绑起来销售，可能会提高产品的性能、安全性以及产品质量。加之，如果搭售品与被搭售产品的使用频率很高，便可以降低分销成本，在这些情况下，搭售对社会福利也能产生一定的补偿效应。因而要想对具有限制竞争效果的捆绑和搭售行为与市场竞争中因效率效应而普遍存在的捆绑与搭售行为进行区分，则需要超越现有文献，对竞争环境下的捆绑与搭售行为有更好的理解。

二、搭售理论在不同学术流派的分歧内核

早期法律上对搭售行为的敌视态度是基于一种非正式的观念形成的，搭售在传统上被认为具有增加垄断势力和反竞争的效果，从而是低效率和有害的，应予以禁止。这主要是基于以哈佛学派所提供的杠杆理论（Leverage Theory）

为依据。最初的反垄断执法主要参照杠杆效应这一有损于市场竞争环境的经济解释，即认为搭售行为会使一个市场上的垄断势力通过杠杆作用延伸到另一个市场。这就是古典经济学家提出的杠杆理论，是古典学派对搭售理论提出的最主要的理论观点。按照古典学派的理论思想，对搭售进行反垄断执法应该采用"本身违法"的原则。虽然古典学派的思想是基于一种经验判断，没有严谨的经济学理论支持其观点，但是在美国反垄断执法过程中曾一度得到极大的认可。直到"法与经济学"之父戴维德和他在芝加哥大学的学生有力地驳斥了这种谬论，论证了垄断企业进行捆绑销售并不能获得两个市场的垄断利润，只能在一个市场上实施垄断势力，持该思想的学派被称为芝加哥学派（Chicago School Argument）。为了进一步解释搭售的动机，芝加哥学派又提出了单一垄断利润理论（Single-monopoly-rent Theory），即垄断企业的垄断势力向其他市场的延伸并不能增加其收益，反而有可能减少利润。因此，按照芝加哥学派的观点，对搭售进行反垄断执法应该采用"本身合法"的原则。正如 Posner（1979）所说，如果被搭售品的价格高于竞争市场上的价格，消费者将减少被搭售品的购买，因而减少搭售品的购买，这样一来反而对垄断企业不利。所以垄断企业并不能通过搭售来获取额外的超额利润，杠杆效应并非企业搭售的动因。

　　企业一定是在其他某些经济因素的驱使下，才会进行搭售，而这些因素可能包含规模经济、品质保证等有利于效率的方面，也就是说，企业搭售主要是基于可能存在的效率效应。搭售的效率效应对社会福利有正的效应，主要表现在以下几个方面：①降低交易成本；②消除双重加价；③保证质量和维护商誉——被搭售品与搭售品配套使用有利于保证搭售品的质量和性能，且有关产品售后服务和零配件的搭售能防止消费者的不当操作或其他劣质产品对企业声誉的损害；④分散风险——企业开发新产品时常常面临很大的风险，将新产品与知名的成熟产品搭售，一方面可以对新产品产生广告效应，另一方面可以使新产品开发的风险由买卖双方共同承担，从而降低新产品开发的风险。

由此可见，芝加哥学派与古典学派对搭售的看法有很大不同。芝加哥学派对杠杆理论进行了批评，否定了搭售的杠杆效应，认为搭售并不具有反竞争效果。若被搭售品是竞争性的，那么搭售对竞争的影响是微弱的，否则任何有市场势力的产品都可以通过搭售来获得垄断，那么我们在市场上也就很少会见到竞争性产品。下面简单地介绍一下芝加哥学派的主要思想：

考虑两种产品——产品 A 和产品 B，垄断企业对产品 A 拥有垄断势力，产品 B 是完全竞争性产品，其市场价格等于生产边际成本 c。我们要考察的是：垄断企业将产品 A 和产品 B 捆绑销售是否可以获得更高的利润？

如果垄断企业捆绑销售产品，假定对捆绑产品的定价为 p^*，同时竞争性产品现在依然可以以边际成本 c 获得，那么只有当消费者对垄断产品的评价至少为 p^*-c 时，消费者才会购买捆绑产品。值得注意的是，垄断企业以垄断定价就能够获得在 A 产品上的所有消费者剩余，通过捆绑不能再获得更多利润，因为如果提高捆绑产品的价格，消费者将不再购买捆绑产品。

此外，如果产品 A 和产品 B 不是完全相关，那么将竞争性产品与垄断产品捆绑销售只能降低利润，因为对一些消费者来说，捆绑产品带来了无效率的组合，因而不会购买捆绑产品。

虽然芝加哥学派的理论观点相比古典学派的主观判断，有更严谨的经济学模型分析作为理论支持，但是芝加哥学派对捆绑、搭售杠杆效应的否定建立在强烈的假设之上，那就是分析的静态假设，他们没有考虑企业之间的动态博弈。在芝加哥学派之后，对捆绑和搭售的理论研究渐渐丰富和完整，之后学者的各种观点被统称为后芝加哥学派（Post-Chicago-School-Argument）。后芝加哥学派的大量研究修正了芝加哥学派的基本观点，总结芝加哥学派观点被修正的原因主要有以下四点：

（一）可变比例

芝加哥学派观点不成立的第一个原因是消费者对两产品消费的比例可能是

不固定的，而在芝加哥学派的研究中消费者对两种产品是以固定比例消费。如果两种产品以可变比例消费，那么搭售会存在杠杆效应，传递垄断势力。

（二）动态分析

如果考虑动态博弈，捆绑或搭售会改变消费者偏好或生产成本，如会带来生产的规模经济性、范围经济性或阻止竞争者形成规模经济性，那么搭售可以产生杠杆效应。根本的观点是捆绑或者搭售可以消除企业间在互补品市场上的竞争①，从而使定价失去竞争性。因而从静态角度转到动态角度时，企业确有搭售的激励，此外将互补品进行搭售的效应与纵向一体化结果相似。

（三）加强多个市场垄断势力

芝加哥学派的分析只考虑将垄断产品的市场势力传递到竞争性市场，然而杠杆效应实质上也可以保护或加强已有的市场势力。比如，一个企业对产品 A 和产品 B 都有市场势力（Microsoft 对 Word 和 Excel 都有市场势力）的情况下，出售捆绑产品，可以加强在两个市场的市场势力。

（四）创造效率

企业捆绑、搭售除策略原因之外，还存在效率原因。搭售可以通过两种方式获得优势：一个是提供更优质的产品，即提高搭售企业产品相对于竞争对手产品的价值；另一个是提供更有效的定价方式，所谓搭售在定价方面获得优势，是指搭售可以作为消除双重加价的工具。所以在考虑效率效应时，企业确有捆绑、搭售的激励。

后芝加哥学派更全面和完整地研究了捆绑、搭售的激励和经济效应，归纳学者的研究成果，可将捆绑、搭售的动因分为策略动因和效率动因，其中策略

---

① 如果消费者购买产品 A 可增加产品 B 的价值，则两产品是互补品；如果消费者购买产品 A 会降低产品 B 的价值，则两产品是替代品或竞争性产品。

动因有可能引起反竞争性和市场排斥效应是反垄断当局对搭售高度质疑的方面。捆绑、搭售的策略动因主要包括：阻止进入（Entry Deterrence）、缓解竞争（Mitigation of Competition）、获得竞争优势（Gain Competitive Advantage）、价格混淆（Price Obfuscation）等。这些效应可能有损于消费者福利和社会总福利，以及对市场竞争环境造成不利影响，因而捆绑、搭售的理论研究对现实案例分析具有重要的指导意义。

芝加哥学派所认为的"存在单一垄断利润所以就一定有效率"和现代博弈论所认为的"不存在效率就会是限制竞争的"这两种观点之间存在一个巨大的鸿沟。这两者之间，并不存在能够解释什么样的产品结构会出现在市场中的经验证据，经济学家对搭售手段是否有反竞争性依然没有定论。一方面，一部分经济学文献的研究假设条件放弃了所有的效率因素，并基于现代博弈论研究方法得出搭售是限制竞争的。然而，这大多是基于搭售的策略因素考虑的。当然，不可否认的是企业实行搭售行为有时确实减少了消费者福利，但是如何识别这类情形，经济学文献的研究并没有得到一致性的结论。另一方面，在对搭售进行分析判例的时候，通常会关注搭售产品和被搭售产品是独立产品还是相关而合并使用的产品，主要考察消费者对于搭售的产品是否存在真正的需求。华盛顿特区联邦巡回上诉法院提供了一个比较完美的基本原理予以支持这种考察，即对于"搭售"是否有效率，存在一种替代的检验办法，如果消费者对被搭售产品本身没有需求，那么市场情况就表明搭售是有效率的。然而，从现实的市场上可以很容易地选出例子来说明这并不是一个有力的检验方法，如竞争性市场上会提供配有鞋带的鞋、备有轮胎的汽车等。这些搭售是有效率的，然而消费者对被搭售品本身也是有需求的。

现在的经济学家之间似乎正在达成一种共识，即认为搭售不应该被视为本身违法，而应该在评价搭售效应时，采用合理推定的原则（Motta，2004；Tirole，2005）。任何合理的反垄断政策都应该在可能的效率效应与潜在的反竞争效应之间做出权衡。除这个一般性的原则，要提出一个简便的、适用于反垄断案例法律标准的原则似乎是一个难以企及的目标，因为反垄断政策是否合理取决于每个案例的具体情况。

三、研究搭售对政策的指引意义

理论研究说明，捆绑和搭售的多维度经济效应对反垄断案例的判决和审理有着重要的影响，多种效应错综复杂的影响往往会使判决陷入僵局，造成判决结果差异巨大。鉴于对捆绑、搭售的不同理解会给反垄断案例的判决带来关键性的影响，深入分析捆绑和搭售的动因以及经济效应既有重要的理论意义，又有关键的现实意义。

对捆绑、搭售行为恰当地进行反垄断判案应视具体案例情况而定，笔者这里提及一些基于捆绑动机的反垄断政策建议。如果捆绑是出于混淆价格的目的，那么捆绑问题更适合由消费者保护协会来解决，而不是反垄断当局。笔者这里主要关注当捆绑给企业自身带来竞争优势时反垄断当局应该怎样对此做出回应。

正如前述分析得到的结论，捆绑能够通过多种方式创造竞争优势，下面从古诺效应（Cournot Effect）开始分析。在存在古诺效应的情况下，反垄断政策应该怎样处理两个都具有市场势力的互补产品生产企业的兼并问题？初步分析，这种兼并的结果是市场价格下降①，社会福利提高，消费者福利增加而竞争使企业利润降低，但这并不是反垄断当局该牵涉其中的案例（Schmitz，2002）②。反垄断当局更可能关注的是合并企业将竞争对手排斥出市场的长期影响。类似于掠夺性定价的情形，如果竞争者的经营被阻碍或者被击败，那么

---

①　纯捆绑时，我们预期所有价格均下降。对于混合捆绑的情况，独立销售的产品价格将提高。这意味着，一些消费者受益而另一些消费者会受损。总消费者福利会增加，但是增加的幅度较小。

②　欧洲法律关注的是市场势力，而经济学理论关注高市场价格。这里的问题是市场价格降低。欧洲法律似乎并没有将合并引起市场价格降低的效率因素考虑其中。

合并企业将更有势头提高价格，最终引起社会福利的下降。与掠夺性定价不同的是，企业合并可能不存在追偿的问题。合并企业在将竞争对手排斥出市场的过程中可能是盈利的而不是亏损的，这取决于模型参数的设定。

简言之，合并会带来直接的利益，但是这种利益预期会持续多久？合并带来潜在危害的可能性有多大，其程度如何？或者更简单地说，允许合并给社会福利带来的预期净变化的现值是什么？

笔者认为，对捆绑和搭售的政策建议需要考虑以下几个方面的问题，主要包括：

（1）企业是否有搭售激励——要考虑搭售能否带来更高的利润，是否为这个行业的共同策略。

（2）搭售低价能否给消费者带来直接的收益——要分析搭售预期能使价格降低多少。

（3）搭售对竞争者的影响是什么——要研究竞争者的价格降低多少，竞争者的市场份额降低多少。

（4）搭售低价能维持多久——要说明竞争者低价能维持多久，竞争者在搭售环境下是否要退出市场，有市场势力的消费者是否能激励几个企业同时存在。

（5）搭售使竞争者退出市场的潜在危害是什么——要判断其他企业是否能进入市场，大的买方是否能维持市场低价，如果价格上升，预期的危害是什么。

上述问题都需要学者加以关注并进行分析。

四、本书的创新观点

本书通过建立经济学模型分析了搭售几种典型的经济效应：杠杆效应、价格歧视效应、研发效应，以及混合捆绑的经济效应，并分析了相应的福利效应以及企业的策略选择，最后根据研究结论提出一些反垄断政策的建议。本书研究的创新点如下：

（一）搭售作为价格歧视的工具

Burstein（1960）及 Mathewson 和 Winter（1997）在垄断—寡头的市场结构下研究了独立产品的搭售激励。本书第三章基于 Mathewson 和 Winter（1997）的研究成果，在垄断—竞争的市场结构下，进一步研究了互补产品搭售的价格歧视效应。研究发现，搭售可以实现对具有不同需求强度的消费者实行价格歧视，类似于两部定价法，但相对于独立销售而言，搭售会降低社会福利。因为搭售使竞争性产品以高于边际成本的价格出售，导致了配置的无效率，因而有理由禁止这种搭售行为。与 Motta（2004）的条件搭售模型中将消费者分为两类的研究不同，该章的研究中消费者偏好服从连续分布，因而通过分析可以得出垄断企业会采取搭售策略的充要条件。

（二）互补产品多需求条件下搭售有时并非占优策略

Whinston（1990）的研究说明，对于互补性产品，如果垄断产品是一个基本品，且两种产品以固定比例消费，那么垄断企业搭售并不能获得更多利润。相反地，当搭售品市场存在一个竞争性企业时垄断企业的境况更好，垄断企业可以更多地从垄断产品中获利。本书第四章研究消费者对垄断产品和竞争性互补产品都是多需求情况下的搭售问题，并将垄断企业搭售策略与两部定价策略相比较。与独立产品搭售的研究结论不同，此时搭售并不是占优策略，通过独立产品销售的两部定价形式，总是可以获得比搭售策略更多的利润。在 Motta（2004）的条件搭售模型中，消费者对垄断产品是单位需求，因而垄断产品和竞争性互补产品是一种强互补关系。在该章的研究中，消费者对两种产品都是弹性需求，故该章的研究放松了强互补的假设，在一般性的互补关系前提下研究垄断企业的搭售激励问题，研究发现搭售并非垄断企业的占优策略，这与

Motta（2004）的强互补产品研究结论存在明显差异。

（三）两期市场搭售问题研究

本书第五章运用 Mathewson 和 Winter（1997）的研究框架和研究方法，分析了在第一期产品市场上拥有专利权的垄断企业，在第二期产品市场上专利到期面临竞争时，通过搭售可以将专利期延长至第二期，从而在两期市场上均能获得垄断利润。对搭售的大量研究假定产品只在一期市场存在，而该章的研究产品在两期市场都存在，这将为耐用品搭售问题的研究起到一定的铺垫作用。

（四）双寡头市场混合捆绑问题研究框架的统一

本书第六章建立的动态分析模型，以电信市场上企业之间的竞争为背景，主要在 Choi（2008）及 Armstrong 和 Vickers（2010）文献研究的基础上，研究生产完全互补产品的寡头企业使用"混合捆绑"策略进行价格竞争的情况。Choi（2008）建立了一个简单的四厂商竞争模型，主要研究生产互补产品[①]的两个企业合并以后使用混合捆绑策略进行竞争对于市场价格、企业利润和社会福利的影响，研究只考虑单边混合捆绑问题。Armstrong 和 Vickers（2010）则在两维 Hotelling 模型的基础上，研究两个对称的寡头企业进行混合捆绑销售的竞争问题，只关注了双边混合捆绑问题。此外，以上两篇文献的静态分析都隐含假定企业的竞争策略是外生给定的。该章的研究既能分析单边混合捆绑的竞争问题，又能分析双边混合捆绑的竞争问题。不仅为 Choi（2008）及 Armstrong 和 Vickers（2010）的研究构建了统一的分析框架，而且还可内生地确定寡头企业竞争策略的选择。

---

① Economides 和 Salop（1992）分析了在一些市场结构下，生产互补产品的多个厂商在市场竞争中所达到的均衡价格的性质。他们发现，当系统产品之间的替代性非常强时，所有厂商合并的价格会高于厂商单独销售的价格。此外，他们还分析了系统产品竞争、平行纵向合并和单边联合等市场结构下的均衡价格。

（五）纵向差异下纯捆绑的研发效应研究

本书第七章研究垄断企业独立产品捆绑销售策略对研发激励的影响效应。Choi（2004）的模型分析存在横向差异产品竞争时，垄断企业搭售对企业成本研发激励的影响，同时关注产品价格博弈和 R&D 博弈间的关系，而没有研究两种产品间 R&D 博弈的关系。该章研究的不同之处在于：该章模型建立在纵向差异的基础上，研究捆绑对企业质量研发激励的影响，且该章所关注的是两种产品间 R&D 博弈的关系。该章的研究弥补了以往只关注成本研发效应的不足。另外，该章的研究可以解释电信运营商将宽带业务与 IPTV 业务捆绑销售以排斥东方有线 IPTV 业务的竞争策略。

本书在研究方法上遵循现代经济学研究范式，充分利用博弈论和现代产业组织理论中的策略性行为理论来构建和分析模型；通过博弈论中的逆向归纳法来求解模型的均衡结果，并运用微观经济学的比较静态研究方法来分析模型中的关键变量对均衡结果的影响；通过均衡比较和图形模拟的方法来分析企业的不同策略选择对市场均衡以及社会福利的影响；引入相关案例分析，以期实现理论研究对现实问题的解释和指导。

本书的研究遵循"模型假设—模型构建—求解均衡—比较静态分析—案例分析"的研究思路，根据模型及其假设，运用博弈论和最优化方法得到均衡结果，再根据均衡结果分析模型的经济学意义，并分析主要变量对市场均衡的影响。本书最后还分析了一些与模型研究相符合的案例，并利用模型分析得出的结论结合实际问题判断企业最优的策略选择，进而提出一些相关的政策建议。

五、本书的结构安排

本书的结构安排如图 1-1 所示。

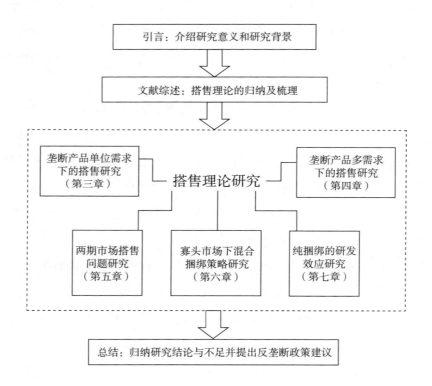

图 1-1　本书的结构安排

第一章是捆绑和搭售的定义，主要介绍本书的研究背景、研究的理论意义和政策意义，以及对捆绑和搭售反垄断政策的思考。

第二章对搭售理论研究成果进行归纳和总结，介绍了捆绑和搭售的相关概念，总结搭售理论三个流派的基本思想，重点归纳了后芝加哥学派有关搭售策略效应的研究成果，最后根据理论分析现状结合一些反垄断案例简要提出笔者对搭售政策的一些建议。

第三章在消费者偏好连续分布的条件下研究对基本品拥有垄断势力的企业搭售互补产品的激励。在市场竞争中，企业面对的消费者偏好是有差异的，企业无法为每位消费者提供其所需要的产品，企业应进行搭售还是独立销售必然与消费者多样化的需求有关，该章研究的核心问题是找出垄断企业实行搭售策略的充要条件。

第四章研究消费者对垄断产品与互补产品都是弹性需求时垄断企业的搭售激励。在该章的研究中，两种产品不再是一种强互补关系，当消费者偏好存在差异时，研究发现搭售不再是垄断企业的占优策略。如果垄断企业选择独立销售的两部定价方式，能够获得更多的利润。

第五章研究两期市场的搭售问题。企业 1 在第一期市场上因拥有一项专利权从而成为某一产品生产的垄断商，在第二期市场上企业 1 专利到期，且面临另一个生产效率更高的企业 2 与之竞争。我们研究发现，企业 1 有激励将第一期市场上的购买权与第二期市场上的购买权搭售，从而获利。当然，企业 1 的搭售策略是无效率的，因为这将会排斥一个生产更有效率的企业。

第六章研究两个生产互补产品的寡头企业实行混合捆绑策略对市场竞争的影响，同时内生确定企业的竞争策略。研究表明，双边混合捆绑是唯一的均衡结果，但企业的利润低于所有企业独立销售时的利润，企业陷入了"囚徒困境"的结果。该章的结论可以很好地解释电信市场竞争中，电信运营商和手机生产商所使用的竞争策略及其对市场竞争的影响；可以解释国外成熟的电信市场中电信运营商和手机生产商广泛采取捆绑销售商业模式的内在原因；可以解释签约套餐和预付费套餐电信资费存在的合理性。

第七章研究垄断企业独立产品搭售策略对市场价格、市场竞争性的影响，以及存在研发竞争时搭售对竞争性产品研发激励的影响。此外，该章的研究可以很好地解释电信与广电在 IPTV 业务间为实现用户规模的竞争策略，电信通过将宽带业务与 IPTV 业务捆绑销售，增加了在 IPTV 业务上与广电的竞争性，也使广电不得不大量投入以进行服务创新和改造。

第八章是本书的结论部分，在总结本书研究内容之余提出本书研究的一些不足、对中国搭售法律的一些政策建议以及未来后续研究的思路。

第二章　搭售理论的概念界定和各流派观点总结

对捆绑和搭售的理论研究最早可以追溯到 Cournot（1838）对多产品寡头垄断企业互补品定价的分析，但是其理论发展并没有引起学术界的足够重视。搭售理论发展至今，大致经历了由古典学派到芝加哥学派再到现在的后芝加哥学派这三个阶段，相应地，对搭售的反垄断判案原则也由原来的本身违法原则发展为现在的合理推定原则。最初对搭售以本身违法原则判案的理论依据是古典学派提出的杠杆理论，杠杆理论认为对一个市场拥有垄断势力的企业通过搭售可以将垄断势力传递到竞争性产品市场上。然而，芝加哥学派强烈地抨击了杠杆理论，并提出了单一垄断利润理论，认为垄断企业只能在一个市场上获得垄断势力，搭售并没有杠杆效应。至此，对搭售本身违法的反垄断判案原则也开始面临挑战。鉴于芝加哥学派的理论研究存在诸多缺陷以及理论假设与现实极大不符，后芝加哥学派以大量完善的研究，修正了芝加哥学派的基本观点，使搭售理论的研究日渐完整，这些学者的研究又重新认可了杠杆理论。自后芝加哥学派开始，学者对搭售的研究主要关注搭售引起的策略效应，这也是反垄断判案所关注的核心问题。目前，对搭售策略效应的研究较多关注杠杆效应、价格歧视效应、市场排斥效应、阻止进入效应、产品差异化效应、研发效应等。

一、什么是捆绑和搭售

通常，捆绑（Bundling）被定义为不同的产品以固定的比例同时出售，与捆绑相对应的即为独立销售。对捆绑销售的定义学者还没有达成共识，较早研究捆绑销售的是 Adams 和 Yellen（1976），他们将捆绑销售定义为"以数包的形式卖商品"；Guiltinan（1987）将捆绑销售定义为"以特殊价格整体出售两种或更多的产品和服务"；Yadav 和 Monroe（1993）认为，捆绑销售是"以一个价格卖两个或两个以上的产品或服务的方式"。Stremersch 和 Tellis（2002）将捆绑销售定义为"整体销售两种及两种以上的独立产品"，其中"独立产品"是指"在独立分离的市场上已分别存在的产品"。我国学者余嘉明和刘洁（2004）认为，捆绑就是整体销售两种或两种以上不同的独立产品，产品的不同可能来自核心利益不同、功能不同、包装不同以及品牌不同等方面。捆绑有两种最基本的形式，即纯捆绑（Pure Bundling）和混合捆绑（Mixed Bundling）。其中，纯捆绑是最简单的捆绑形式，是指产品只以捆绑的形式出售，而不单独出售。更进一步地，纯捆绑的产品是以固定比例出售。例如，汽车只整车出售，机票通常包括旅行费和用餐费，报纸将新闻和广告捆绑销售，医院将麻醉和外科手术捆绑销售等。混合捆绑是纯捆绑的一般形式，是指产品既以组合的形式销售，也单独出售。其中，企业对组合销售的产品将提供一个捆绑折扣，这样组合产品的价格便低于单独出售的产品价格之和。如果组合产品的价格等于单独出售的产品价格之和，则不能称为捆绑。通常，数量折扣（Volume Discounts）也被认为是一种捆绑销售策略。对于混合捆绑概念的界定，学术界也存在一定的分歧。Nalebuff（2003）和 Tirole（2005）在文献中认为，只有当捆绑产品的价格低于单独销售产品的价格之和，也就是说，当存在捆绑折扣时，同时提供捆绑产品和独立产品才被认定为是混合捆绑。而 McAfee 等（1989）则认为，混合捆绑不需要满足此捆绑折扣条件。

企业选择捆绑销售有很多经济原因，一些原因是明确合法的，一些原因则可能有损于市场竞争环境，从而引起了反垄断机构的重视，受到反垄断当局的质疑。概括来说，这种反竞争的经济效应主要包括以下几个方面：

（1）创造了人为的规模经济性。这里是指，在没有捆绑时规模较大的企业相对于规模较小的企业或者进入者而言并没有优势，大企业通过捆绑可以人为地创造生产规模经济性的优势。在几个市场拥有市场势力的企业通过各种捆绑策略来维持和保护其在各个市场的市场势力，这不利于整个行业的竞争环境。例如，移动电话定价和往返航班折扣。

（2）提高竞争对手的成本。捆绑或搭售可以阻止竞争对手或潜在进入者进入互补品市场，这相当于提高了竞争对手生产主要产品的成本。例如，如果捆绑导致了独立的售后服务市场不可获得，那么竞争对手必须同时进入产品市场和售后服务市场才能获得市场份额。很显然，这将提高竞争对手的成本。

（3）降低竞争者的收益。捆绑会降低消费者预期从企业竞争对手那里获得的剩余，从而降低竞争对手的需求和利润。例如，航空公司常旅客计划。

（4）捆绑企业相对于竞争对手获得竞争优势。例如，微软 Office 软件的捆绑销售和通用电气与霍尼韦尔合并案。

（5）杠杆效应。在一个市场上拥有垄断势力的企业通过捆绑可以将垄断势力传递到另一个竞争性市场，我们称为杠杆效应。尽管芝加哥学派否认静态市场竞争下捆绑的杠杆效应，但是有理由相信企业可以通过捆绑的杠杆效应来获得动态优势，如捆绑获得的研发竞争优势。

（6）保护市场势力。一个生产多产品的垄断企业，通过捆绑可以降低进入者进入市场的可能性，或者减轻进入者给垄断企业带来的潜在不利影响。捆绑将会降低进入者的潜在利润，我们认为此时捆绑具有保护现有市场势力的效应。例如，微软 Office 软件的捆绑销售策略。

（7）捆绑作为阻止进入的承诺策略。多产品垄断企业承诺若竞争者进入即采取激进的竞争方式，同时垄断企业有更大的研发激励的优势。但是，此结论取决于企业承诺捆绑的能力，捆绑同时也是一个有效的阻止进入策略。

（8）隐藏定价。捆绑可以用来混淆市场定价或者可以作为一种诱售的策略。有时捆绑定价的合同会扭曲市场价格竞争的性质，如移动电话定价问题。

所谓搭售（Tying），是指买方在卖方处购买某种产品时，卖方要求买方必须同时购买另一种产品，如打印机生产厂商要求顾客在购买打印机时必须同时购买墨盒或打印纸，但对两种产品的购买比例并无要求。买方原本想购买的产品我们称为搭售品（Tying Product），而买方被要求同时买下的产品我们称为被搭售品（Tied Product）。具体来说，学者对搭售的定义有两种：一种定义认为混合捆绑是搭售的一种特殊形式，我们称这种搭售为静态搭售（Static Tie），静态搭售被看成是一半的混合捆绑或排他性安排；另一种定义认为搭售是纯捆绑的动态形式，我们称为动态搭售（Dynamic Tie），销售商要求消费者在购买主要产品的同时必须购买另一种指定的产品，对此经典的案例是 IBM 公司要求购买其计算机硬件的消费者必须同时购买打卡机。这种明确的搭配销售是比较少见的，因为在美国搭售往往被视为本身违法。尽管如此，企业常常在没有明确搭售合约的情况下达到与搭售同样的效果。

在静态搭售中，消费者要买产品 A 必须买产品 B，但是买产品 B 可以不买产品 A，提供的产品是单独销售的产品 B 或者商品组合 A-B，因此这种销售方式称为搭售而不是捆绑。一般来说，静态搭售可以通过一种排他性安排达到，这种排他性安排可以通过合同的形式实现，也可以通过技术兼容的方式实现。与之不同的是，在动态搭售的条件下，消费者要买产品 A 必须同时购买产品 B。而动态搭售与纯捆绑不同的是，动态搭售下不同的消费者购买的产品 B 的数量是不同的。因此，动态搭售的销售方式是 A-B、A-2B、A-3B 等。例如，将产品出售时提供售后服务，可以说是将售后服务与产品搭售。笼统地说，动态搭售背后的经济动机是进行价格歧视，即根据消费者对产品评价的差异向不同的消费者收取不同的价格，在这种搭配销售形式下，收费的依据往往是消费者对相关产品的使用强度。例如，出租车费用通常包括固定的起步价和超过起步价后按距离收取的线性费用。又如，在打印机和墨盒的例子中，墨盒的更换频率很好地反映了消费者对打印机的使用强度。值得注意的是，搭配销售可能通过隐性的方式而非明确的方式实现。在墨盒的例子中，墨盒的形状是有专利保护的，这样，虽然企业并不强迫消费者在购买打印机的同时必须从它那里购买墨盒，但是竞争者并不被允许提供可以与有专利保护企业生产的打印机相兼容的墨盒。我们知道，如果消费者对产品的评价与消费者使用产品的强度正相关，那么通过两部定价可以榨取更多的消费者剩余，企业可以对高评价消费者收取高价，对低评价消费者收取低价，但这要求消费者的需求是确定的。当消费者偏好不同或需求不确定时，通过两部定价形式并不能获得所有的消费者剩余，此时，通过搭售便可以榨取所有消费者剩余，从而增加利润。

二、捆绑和搭售的内在联系与区别

首先，学术界对捆绑的定义为：许多产品被打包在一起出售，而打包一起出售本身并不意味着这些产品就是捆绑，这还取决于除此之外还能如何以及以什么价位购买该产品。通常认为，当打包销售的产品价格低于单独购买的价格之和时，我们才能称其为捆绑。此外，如果两个产品仅以打包在一起的形式出售而不能单独购买，那么我们称其为纯捆绑，这可以通过定价或者技术来实现。如果两个产品中，一个产品（比如产品1）可以单独购买，而产品2仅能作为与产品1打包销售的一部分，那么此时纯捆绑就变成了搭售。举例来说，学校的网络包括有线网络和无线网络两种服务，学生可以单独办理有线网络，而如果想要办理无线网络则必须同时办理有线网络，因此我们说，无线网络的购买权是搭售在有线网络上的。捆绑销售中混合捆绑是最普遍的一种形式，在混合捆绑下，两个产品都可以作为整体的一部分单独购买。之所以称这种销售为捆绑销售，是因为相对于单独出售而言，打包出售会有一定的折扣。也就是说，如果打包销售的商品仅仅以其部件价格的总和来定价，并且这些部件都可以单独购买，那么我们不能称其为捆绑，因为这并不产生捆绑定价的战略性影响。

从上述对捆绑和搭售的概念解释中可以看出，搭售本质上是捆绑的一种扩展，或者说，捆绑是规定了购买比例的一种特殊的搭售，所以很多关于捆绑策略效应的研究文献的结论也适用于搭售，或者说这些研究本身就不需要对捆绑和搭售作严格的区分。因而在本书后续对相关文献研究成果的回顾中，不再对捆绑和搭售进行分别的归纳和总结。

捆绑和搭售不仅是企业常用的营销模式，也是典型的经济现象，在现实生活中捆绑和搭售的案例也是屡见不鲜。企业为什么会选择捆绑、搭售这种销售模式，其策略选择的激励在何处？消费者究竟因企业的捆绑、搭售策略受益还是受损？它们对社会福利的影响又是怎样？这些问题是国内外学者对企业捆绑、搭售策略倾力研究的重要问题，也是各国反垄断立法、执法所关注的重要方面。对捆绑和搭售的经济分析主要关注捆绑、搭售激励及其所带来的经济效应。通过对现有文献研究的归纳和梳理，可将捆绑和搭售的激励及其经济效应归纳为以下两个方面：企业采取捆绑和搭售的原因可以分为效率原因（Efficiency Reasons）和策略原因（Strategic Reasons），相应的经济效应也表现为效率效应（Efficiency Effects）和策略效应（Strategic Effects）。

笼统地说，企业实行搭配销售有三个主要的潜在原因：①保证产品质量；②实现价格歧视或者计量收费；③杠杆市场势力。法院的判决主要关注搭售对杠杆市场势力的效应，然而，我们发现前两个对搭售动因的解释更令人信服。就搭售作为杠杆市场势力手段而言，笔者认为搭售引起的问题更可能是阻止竞争者进入而非对第二个市场的垄断势力。下面分别分析搭售的三种潜在原因：

首先，企业实行搭售可能出于对保证产品质量或安全方面的考虑。比如，将机器分解出售结果会导致机器性能失效，销售商将失去声誉。因此，销售商需要指定其他的配件以保证机器的正常使用。

其次，实施搭售可以实现价格歧视。如果消费者对产品的评价与对产品的使用强度正相关，那么通过两部定价方案可以攫取更多的消费者剩余，消费者支付较低的初始价格以及每次使用费，这种定价方式使企业对评价高的消费者收取较高费用，而对评价较低的消费者收取较低的费用。当搭售或计量收费用于实现价格歧视时，我们需要考虑的问题是这种定价方式是否会带来社会福利的增加抑或导致滥用市场势力。

最后，企业可以通过搭售将一个产品市场上的垄断势力传递到另一个产品市场。一般来说，笔者从一定程度上赞同芝加哥学派的基本观点。虽然芝加哥学派的这个理论的说服力并不强，但这是法院始终关注的焦点。事实上，大量的研究更多地关注于搭售保护现有市场势力而非在另一个市场上创造市场势力。

在以上对搭售原因的三种解释中，关于保证产品质量和价格歧视动机的解释是易于理解的，而搭售可能增强市场势力或阻止企业进入主要产品市场的解释则有些微妙且不易理解。下面笔者具体分析一下这一观点。

1. 搭售的阻止进入效应

这一部分将分析企业将一个产品与另一个产品搭售如何影响企业现有的市场势力。具体来说，如果搭售导致其他企业退出被搭售品市场，这反过来又会降低企业进入主要产品市场的可能性。产生阻止进入效应的原因至少有两个：其一，可能的进入者是被搭售产品市场上的一个企业；其二，在被搭售品市场失去竞争性成为提高竞争对手成本的一种方式。如果被搭售产品是主要产品的必要组成部分，且潜在竞争对手不能获得或只能以很高的成本获得主要产品，那么进入会被阻止。

这里笔者以复印机市场为例来说明这个问题。如果复印纸作为被搭售产品，很显然复印纸是一个发展成熟的市场，因而笔者认为将复印纸与复印机搭售不会导致部分企业退出复印纸市场。因此，我们预期生产复印纸的企业不会进入复印机市场。

然而，如果被搭售产品是售后服务，结果则有些许不同。此时，将复印机与售后服务搭售可能导致提供独立售后服务的企业退出市场，但是这可能不会立即产生反垄断的危害。例如，在 Kodak（柯达）的案例中，缺乏独立的售后服务可能造成与 Kodak 竞争的企业进入市场更困难，因为竞争企业需要同时建立售后服务这种产品才能进入市场，这种情况下阻止进入可能直接发生。当然提供独立售后服务的企业可以利用对复印机售后修理服务的专业技能来设计新的复印机与 Kodak 直接竞争。因此，消除独立售后服务提供者是阻止潜在进入的一种方法。

在分析 Microsoft（微软）与 Netscape（网景）的案例时，这种搭售造成的阻止进入效果更令人信服。这个案例中，PC 操作系统是主要产品，浏览器是被搭售品。Microsoft 将 PC 操作系统与浏览器搭售的策略使网景公司在浏览器市场上的竞争更加困难。即使消费者并没有因浏览器市场竞争变弱而受损，但是消费者可能因在操作系统市场威胁微软市场势力的潜在进入者减少而受损。事实上，搭售阻止进入的问题已成为美国反垄断判案反对微软的核心问题。

2. 技术搭售

技术搭售可以通过产品集成、产品兼容以及推迟产品信息的发布时间达到。当企业面对竞争，通过技术搭售推动产品改进得到的收益超过互补品减少带来的损失时，才会采取技术搭售策略。有关技术搭售反竞争性的一个典型案例是 1980 年 IBM 和泛美公司之间的竞争。其中，泛美公司对 IBM 的指控是其蓄意重新设计了 CPU 和外设的光盘驱动器系统之间的接口，使以前由泛美公司销售的插件兼容组件不再适用于 IBM 电脑。当兼容性失去后，泛美公司损失惨重并退出了市场。该案中，IBM 公司认为这种设计改变是产品质量改进的一部分，并非为了恶意排挤竞争者。在理论上，Gilbert 和 Riordan（2007）研究了在赢者通吃（Winner-take-all）的市场中，纵向一体化的上游垄断企业通过技术搭售排斥下游竞争企业的激励。研究发现，在上游垄断企业控制了系统中的基本品且系统产品具有纵向差异的情况下，技术搭售有利于垄断企业对不同类型的消费者实行价格歧视，从中抽取所有消费者剩余。研究还发现，如果下游竞争企业是一个更有效率的企业，技术搭售会因为排斥更有效率的企业而扭曲市场结构，降低社会福利。而如果下游是一个低效率企业，技术搭售会因排斥低效率企业而增加社会福利。因而，技术搭售对福利的影响是不确定的，结果取决于市场均衡的选择。

三、搭售的效率效应

（一）降低成本或提高质量

现实中像汽车整车出售、软件打包一起出售后产品功能的提高就说明了搭售的效率效应。对此典型的研究有 Salinger（1995），研究表明：捆绑销售可以节约消费者的时间，促进专业化和社会分工，实现规模经济和范围经济，而且在一些情况下，还可以解决信息不对称的问题，因而认为捆绑是有效率的。当消费者评价正相关时，捆绑的成本协同效应（Cost Synergies）就更有价值。也就是说，如果将产品 A 和产品 B 独立销售时，大部分消费者都会购买这两个产品，此种情况下消费者对两种产品的评价是正相关的，那么捆绑的任何成本节约都会给垄断者带来捆绑激励。

（二）降低定价的无效率

搭售可以作为价格歧视的工具。如果垄断企业不能实行价格歧视，那么统一定价将选择边际成本等于边际收益时的价格。但是，这个价格是无效率的。因为在这个垄断价格下，有些消费者对产品的评价高于产品的边际成本却低于价格，这部分消费者不会选择垄断企业的产品，如果垄断企业基于这类消费者对产品的评价制定价格是可以获得利润的。所以说，在垄断企业不能实行价格歧视的情况下，统一定价将使垄断企业失去这部分消费者的剩余，这时通过搭售的方式可以达到与歧视性定价相同的效果，获得更多利润。

搭配销售之所以可以使垄断企业获得更多的消费者剩余，是因为搭配销售可以有效地降低消费者评价的差异性，尤其在消费者对产品评价是负相关的时候更为明显。有不少文献对此问题进行了研究，这些文献大都关注多产品的垄断企业如何通过搭售实施价格歧视。比较具有代表性的文献有：Adams 和 Yellen（1976）、Schmalensee（1982，1984）、McAfee 等（1989）、Bakos 和 Brynjolfsson（2000）。

Adams 和 Yellen（1976）的研究认为，搭配销售可以使企业实现对消费者的价格歧视，这是因为当消费者对多种产品的支付意愿完全负相关时，企业通过搭配销售可以降低消费者对不同产品支付意愿的差异性，从而提高自己的利润。McAfee 等（1989）研究了多产品垄断企业混合捆绑策略占优的充分条件。研究发现多产品垄断企业捆绑销售产品比独立销售产品更好，捆绑折扣可以扩大需求。研究表明，当捆绑销售作为多产品垄断企业区分消费者的一种工具时，混合捆绑总是有利可图的。如果垄断企业可以监控消费者的购买行为，那么在产品保留效用的任何联合分布下，混合捆绑都是占优策略。

我们可以从以上两个文献的理论研究中推断出，如果两个产品是完全正相关的，那么搭配销售并没有进行价格歧视的能力。因为搭售后消费者评价的差异性不会下降，提供捆绑折扣也不能扩大市场份额。所有的消费者或者选择捆绑产品，或者什么都不选择。

（三）避免双重加价

避免双重加价（Double Mark-up）是一个古老的经济学思想，古诺（Augustin Cournot）早在 1838 年就提出了两个提供互补产品的垄断企业捆绑销售可以提高利润的观点。古诺的结论是基于两个互补产品只有同时使用才有价值的假设条件，认为如果两个垄断企业独立定价，则必定会使垄断高价无效率。由于消费者只根据两个产品合并后的价格进行购买决策，因而可以认为当两个垄断企业合并或进行价格协调来降低价格，将会获得更多的利润。

古诺思想的一个例子是横向双重加价问题。独立定价时，每个企业提高价格对互补产品定价有负外部性。而当两个企业合并后，可以内部化互补产品定价的负外部性，降低产品的价格。产品价格下降对消费者有利，而企业也会获得更多的利润，这时每个人的境况都变好了，因此是帕累托改进的（Pareto Improvement）。然而，古诺思想的成立存在两个较强的假设：①企业对所有的消费者收取同样的价格，即统一定价而不能有价格歧视。事实上，如果企业可以对不同的消费者群体收取不同的价格，即可以进行价格歧视时，捆绑就没有必要了。②没有考虑合并或协调定价企业面临市场其他企业的竞争，即假定市场上只存在产品 A 和产品 B。

有关捆绑避免双重加价典型的研究还有 O'Brien 和 Shaffer（2005），该文献研究了上游中间品生产商横向合并后捆绑的经济效应。研究发现，捆绑可以避免纵向结构中的双重加价问题，能够达到纵向一体化的结果。此外，当捆绑可行时，在企业合并前后转售价格都是有效率的。

四、搭售的策略效应

搭售引起反垄断关注的原因有：①搭售有利于实行价格歧视策略。②搭售具有传递垄断势力的杠杆效应。搭售导致企业进入必须的互补品市场不可行，从而使企业进入垄断产品市场更加困难。③搭售情况下更容易形成默契合谋。

搭售对市场竞争会产生多维度经济效应，错综复杂的影响往往会造成搭售反垄断判案的巨大差异。后芝加哥学派的学者对于搭售的经济效应进行了大量丰硕的研究，鉴于搭售策略效应往往对市场竞争和社会福利产生负面效应，因而学者的研究多关注搭售的策略效应。总结国内外学者对搭售的研究成果，可以将搭售的策略效应总结为以下几个方面：

（一）削弱竞争对手的势力

在互补产品市场存在竞争时，降价有两个动机——市场扩张（Market Expansion）和与竞争者竞争（Competition with Rivals）。

搭售可以使企业扩大市场份额，但短期是否会带来利润的增加是不确定的，也可能出现的情况是捆绑后所有企业都降低价格以致短期内都遭受损失。考虑如下例子：有两个企业提供有差异性的产品 A，有两个企业提供有差异性的产品 B，其中一个生产产品 A 的企业与一个生产产品 B 的企业共同提供捆绑产品。但有研究发现：捆绑后提供捆绑产品的企业利润下降 3%，而独立销售产品的企业利润下降 10%[①]。此时认为，捆绑并不是有利的策略，企业独立销售产品可以获得更高利润。在大多数情况下，捆绑会使企业相对于竞争对手获得优势地位，即使捆绑企业会有损失，此时对手的损失会更多。一般来说，竞争者利润损失的程度与捆绑品的数量和市场总需求的弹性有关，这又取决于消费者偏好的具体分布。比如，消费者偏好均匀分布时竞争者的损失要大于偏好集中分布的情况，如正态分布。

此外，捆绑是否能使企业相对于竞争者获得优势地位还取决于捆绑产品对消费者的相对重要性。Nalebuff（2000）假定产品对消费者的相对重要性是相同的，Nalebuff 等（2005）扩展了模型，考虑产品重要性不对称的情况。研究发现，当产品对消费者重要性不对称的程度很大时，捆绑的激励很小，且捆绑

---

① Nalebuff, B. J., "Competing Against Bundles", Yale School of Management working paper ysm 157, 2000.

对竞争者的影响甚微。事实上，纯捆绑且产品重要性不对称程度足够大时，捆绑可以增加所有企业的利润。

从捆绑会削弱竞争对手势力的角度来看，引发捆绑反垄断质疑的潜在问题不是短期降低社会福利，而是对市场竞争的长期影响。因为捆绑定价可能会导致竞争者退出市场，捆绑企业即可以获得支配地位，给市场竞争环境带来不利影响。

（二）杠杆效应

Whinston（1990）对搭售市场排斥效应的考察又重新恢复了搭售杠杆效应的研究。研究证明：当被搭售品市场具有寡头垄断结构时，搭售确实可以作为一种杠杆市场势力的机制，通过阻碍竞争对手进入被搭售品市场而起作用。Seidmann（1991）又从另一个角度解释了搭售的杠杆理论，研究认为，企业可以通过搭售促成默契合谋从而延伸垄断势力。当垄断企业搭售能够改变市场均衡时竞争对手的定价策略，即促使竞争对手提高价格时，搭售是有利的。Farrell 和 Carl（1988）的研究证明，搭售提高了市场进入壁垒，因为新厂商要想进入其中一种产品市场，就必须同时在两个产品市场开发出具有竞争力的产品，而这显然比开发一种产品成本更高，同时失败的风险也更大。搭售迫使新企业要么生产两种产品，要么就不生产产品，从而将新企业排斥在市场竞争之外。在搭售品受到专利保护因而被搭售品难以替代的情况下，这种创造进入壁垒的效应更为明显。Carlton 和 Michael（2008）通过一个两期模型研究拓宽了Whinston（1990）证明的搭售具有杠杆效应的条件。研究认为，当垄断产品是一个基本品，互补产品面临竞争时，如果互补产品在第二期可以升级，那么垄断企业搭售产品可以获得比独立销售产品更高的利润。如果同时存在消费者转移成本的情况，垄断企业搭售的激励更大，搭售获利更多。

（三）创造进入壁垒

对捆绑创造进入壁垒的策略效应的研究主要关注寡头市场环境下的捆绑问

题。对两个产品都有市场势力的企业通过捆绑可以阻止只提供一个产品的企业进入市场，此时捆绑相对于掠夺性定价的优势在于在位企业通过捆绑阻止其他企业进入而无须对每个产品都降低价格。从这个角度来分析，捆绑是用来保护企业自身的市场势力以阻止其他企业进入而非将一个市场的垄断势力传递到另一个市场，因而捆绑是一种有效的阻止进入策略。例如，Microsoft 将 Word、Excel、PowerPoint、Outlook 捆绑销售有效阻止了只提供单一软件的企业进入市场。

Martin（2008）在"垄断—竞争"的市场结构下研究存在产品差异化的市场上捆绑作为一种阻止进入策略的问题。模型假定企业 1 提供产品 A 和产品 B1，企业 2 是个潜在进入企业，提供与产品 B1 存在横向差异的产品 B2。研究表明，无论企业 2 是否进入市场，在位企业的最优策略都是捆绑。在这个纯捆绑模型中，不考虑其他任何策略效应，与独立销售相比，如果捆绑能够阻止潜在进入者进入市场，捆绑是有利可图的。同时研究还说明，如果捆绑影响竞争者的进入决策，那么捆绑会使福利受损；如果捆绑不影响进入概率，那么捆绑能带来社会福利的改善。

如果捆绑作为一种价格歧视手段，当两个产品是负相关的时候捆绑的收益最大，因为捆绑可以降低消费者评价的离散程度，从而获取更多的消费者剩余；当两个产品独立时，捆绑仍然可以获利；当两个产品是完全正相关时，捆绑的收益便消失。相反地，如果捆绑作为一个阻止进入策略或者延伸垄断势力的手段，当两个产品正相关时，捆绑最有效；当两个产品独立时，捆绑仍然有效；当两个产品完全负相关时，捆绑便失去了阻止进入的作用。

（四）缓解市场竞争（Mitigate Competition）

搭配销售能够增加竞争性企业产品间的差异化，因而可以缓解同质产品间的竞争。对此典型的研究有 Carbajo 等（1990），Anderson 等（1992）及 Chen（1997）。Carbajo 等（1990）的模型假定，一个企业既出售产品 A 也出售产品

B，另一个企业只出售产品 B。如果企业将两个产品单独出售，那么产品 B 价格竞争的结果是市场价格等于边际成本，因而企业在产品 B 市场没有利润，只能获得产品 A 的垄断利润。然而，如果垄断企业只出售捆绑产品，那么垄断企业可以获得高类型消费者的所有剩余，低类型的消费者则选择竞争者的产品 B。更进一步地，该文献研究认为：当产品 B 市场是伯川德竞争时，捆绑可以缓解产品 B 市场的竞争性，使垄断者和竞争者的利润都增加；当产品 B 市场是古诺竞争时，捆绑会增强产品 B 市场的竞争性，降低竞争者的利润，垄断企业只向保留效用高的消费者提供捆绑产品。所以说，市场的不完全竞争性会增强企业的捆绑激励。Anderson 和 Leruth（1992）运用离散选择模型在双寡头市场结构下研究了生产互补产品的企业混合捆绑的激励。研究发现，如果两个企业在价格竞争前能够承诺其定价方式，即纯捆绑定价、独立销售定价或混合捆绑定价，那么均衡结果是两个企业都会选择独立销售；如果两个企业在价格竞争前不能够承诺定价方式，那么均衡结果是两个企业均选择混合捆绑销售。混合捆绑销售下更激进的价格竞争将使两个企业都降低每种产品的价格，结果导致利润低于独立销售产品时的利润，此时企业将陷入"囚徒困境"。Chen（1997）假定有两个企业提供产品 A，而产品 B 是一个完全竞争的市场。研究认为捆绑可以增加企业产品之间的差异化程度，从而达到抑制市场竞争的作用，捆绑策略成为一个小小的产品差异化工具。模型中假定，两个企业都可以生产两个市场上的产品。第一个市场上，两个企业提供无差异的产品，并进行伯川德（Bertrand）价格竞争；第二个市场是完全竞争的市场。如果一个企业单独销售两个产品，另一个企业只销售捆绑产品 A 和产品 B，市场达到均衡时，两个企业对产品 A 市场进行分割，可以获得更高的利润。因此，通过增加产品差异性，捆绑有利于形成默契合谋。

（五）获得竞争优势

捆绑可以为企业带来相对于竞争对手的竞争优势，但企业利润并不一定因捆绑而增加，捆绑的经济效应也并不确定性地具有反竞争性。Nalebuff（2000）研究了多个互补产品企业的捆绑激励问题。研究发现，捆绑系统的价格随着系统内组件数量的增加而增加，且先捆绑的企业能获得优势地位，而处于劣势地位的独立销售企业则无捆绑激励。市场均衡结果是单边捆绑，且捆绑的优势随着系统内组件数量的增加而增加，此时捆绑具有反竞争性，有理由反对企业实行捆绑策略。当捆绑组件数量大于4时，企业的利润比独立销售产品时更高。Ioana（2009）在 Nalebuff（2000）的基础上进一步研究了需求类型和捆绑系统规模对企业捆绑激励的影响。该文献研究表明，当需求富有弹性时，市场均衡结果是双边捆绑，捆绑后企业利润均相对于独立销售产品时下降了，因而企业陷入了"囚徒困境"的结果。由于双边捆绑使市场竞争更激烈，此时的捆绑不具有反竞争性。当需求缺乏弹性时，市场均衡结果是单边捆绑，独立销售产品的企业处于劣势地位，此时捆绑有害于竞争对手，具有反竞争性。此外，研究结论还表明，当捆绑系统规模越大、需求弹性越大时，企业捆绑的激励越大。但是在需求富有弹性的情况下，企业捆绑并不一定能获得优势地位，也可能导致产品差异化降低，引起更激烈的价格竞争，从而减少利润。Reisinger（2006）则研究了生产多种产品的寡头企业在价格竞争的过程中采用捆绑销售策略的效果和消费者对各种产品的评价的相关性。研究表明：当消费者对于各种产品的评价正相关时，捆绑销售可以提高企业的利润；而当消费者对各种产品的评价负相关时，捆绑销售则降低企业的利润。捆绑的这种策略效应在多样化产品的捆绑中较为常见，如有线电视（Cable Television）、航班（Airline Flight）、餐馆（Restaurants）等提供的多样化服务。

（六）创造网络外部性

搭配销售可以通过网络外部效应促进产品销售，然而搭配销售如何扩大网络效应的影响范围，理论和实践的研究总结为以下三个方面：

（1）网络产品定价。捆绑通过提升产品差异化程度来增加产品价值，在有网络效应的产品中，如移动电话服务，产品差异性由消费者的规模决定，越多的消费者表明越大的产品差异性。当不存在策略性定价时，消费者并不在意特定网络产品的差异化。如果企业决定进行多样化捆绑（Variety Bundle）定价策略，如对同一网络服务中的电话免收终端费（Termination Fee），这种策略类似于捆绑折扣，能够吸引更多的消费者，从而使捆绑企业获得优势地位。

（2）网络产品升级。例如，Microsoft Office 软件具有网络效应，当一个消费者对软件进行升级时，软件版本之间会出现不兼容的问题，这样会增加其他消费者升级的激励，最终将会带动更多的消费者升级。再有，当消费者将 Word 升级时，因为 Office 软件的捆绑销售策略，会带动 Excel、PowerPoint 等软件的升级。

（3）否定竞争对手的网络外部性，阻止竞争者形成最小有效生产规模。Carlton 和 Waldman（2002）通过建立一个动态模型，解释了搭售如何阻止竞争者的规模经济性。起初，在位企业在产品 B 市场上面对一个潜在的进入者；后来，另一个企业可能决定进入产品 A 市场。通过搭配销售产品 A 和产品 B，在位企业就能够阻止第一个进入者进入产品 B 市场（只要未来有企业进入产品 A 市场这一点充分不确定），从而使第二个进入者进入产品 A 市场的可能性下降（因为在位企业想要当互补产品的唯一生产商）。

（七）市场排斥效应、阻止进入效应和引致退出效应

在"芝加哥学派"理论的基础上，学者开始从动态角度研究"垄断—寡头"市场结构下捆绑的市场排斥效应，垄断企业可以通过捆绑把现有的竞争对手逐出市场或阻止潜在的竞争对手进入市场从而获得更多利润。Whinston（1990）是有关市场排斥效应最为经典的文献，也是由这篇文献开始学界又承认古典学派有关搭售可以产生杠杆效应的观点。在这篇文献中，Whinston 分析了在一个产品市场上具有垄断地位的企业，在另一个产品市场上与其他企业进行差异化竞争时搭售的策略性行为。首先讨论了两个市场上的产品需求是相互

独立的情形，研究指出，对产品 A 拥有垄断势力的企业将产品 A 与一种独立产品 B 进行搭售的承诺，能够把竞争对手排斥在产品 B 市场之外。这是因为，搭售这两种产品的承诺实际上会同承诺在产品 B 市场上采取更激进的价格策略那样产生作用，因为在位企业知道，每一个购买竞争对手产品 B 的消费者也正是不会购买自己的产品 A 的消费者。相比在位企业不实行搭售的情况而言，搭售会引致更激烈的市场竞争进而减少竞争对手的利润。加之若存在进入成本，竞争对手利润大幅下降而无法收回固定成本，那么其就会被迫退出市场，因而垄断企业的搭售承诺会阻止进入者进入市场。有必要强调的是，只要搭售具有承诺价值，即如果在位企业能够不可逆转地承诺搭售两种产品，那么搭售就会有排斥效应；否则就不能排斥对手。但是，如果有企业已经进入市场，此时搭售便不是占优策略。因此，在这个模型中，市场进入顺序非常重要。其次讨论互补产品的情形，研究指出：当产品互补且以固定比例使用时，排斥竞争对手通常无利可图。假设产品 A 和产品 B 是固定比例使用的互补产品，其中产品 A 是必需品，意味着没有消费者会单独购买产品 B。在这种情况下，垄断企业使用搭售承诺来排斥竞争对手是毫无意义的，产品 B 市场存在一个竞争性企业反而可以使垄断企业从更多的产品 A 销售中获利。如果垄断产品 A 不是竞争性产品 B 的必需品，搭售则可以是一个有利的排斥策略。Whinston（1990）列举了两个在位企业在互补产品市场上通过搭售来排斥竞争企业并获利的具体例子：在其中的一个例子中，产品 A 不是必不可少的必需品；在另一个例子中，产品 A 有一种劣质替代品。在这两个例子中，搭售都可以通过排斥竞争对手从而改变竞争性产品的市场结构来获利。总的来说，互补性不管怎样都会使在位企业利用搭售进行排斥的可能性有所减小。Whinston（1990）强调了预先承诺对市场排斥效应的重要作用，但对于消费者剩余和社会福利的影响并不明确，当然更重要的是这篇文献启发了对搭售反竞争效应的后续研究。Carlton 和 Waldman（2002）在"竞争—竞争"市场结构下讨论了更为复杂的情形，垄断企业在博弈的第一阶段只面临互补品市场的进入威胁，第二阶段垄断企业在两个市场都面临进入威胁。研究发现，如果垄断企业通过捆绑在博弈的第一阶段将竞争对手逐出市场或阻止竞争对手进入市场，就有效地阻止了第二阶段市场的进入行为。这是因为进入企业在第一阶段没有收回固定投资，第二阶段的市场进入便得不偿失。垄断企业通过捆绑的市场排斥效应和阻止进入效应，有效地保持了其垄断地位或者把垄断势力延伸到新的市场中。研究还发现，不存在进入成本时，如果产品具有网络外部性，垄断企业仍然有搭售以阻止进入的激励，搭售仍是阻止进入的有效策略。模型分析还说明产品的生命周期越短、产品模仿时滞越长，搭售的阻止进入作用越大。Nalebuff（2004）在产品同质且企业进行 Bertrand 价格竞争的假设下对 Whinston（1990）的研究进行了扩展。研究假定垄断企业面临一个潜在进入者，潜在进入者只能进入一个市场，垄断者在产品 A 市场或产品 B 市场面临进入威胁。研究证明，捆绑销售产品的价格低于单独销售产品价格之和时，捆绑能够有效地阻止潜在进入者进入市场。垄断企业不需要预先承诺，捆绑即垄断企业的占优策略。因此，该文献研究证明：捆绑的市场排斥效应是一个一般性的结论。

Nalebuff（2005）在"垄断—寡头"的市场结构下研究了捆绑的排斥效应。模型假定对产品 A 市场具有垄断势力的企业，在产品 B 市场面临一个竞争者提供一个无差异的产品与之竞争。该文献研究发现，垄断企业通过排他性捆绑能有效地将竞争者排挤出市场，且单捆绑的威胁就能达到排斥的效果，无须通过降价来达到排斥的目的。这有别于以掠夺性定价来排斥竞争对手的策略。掠夺性定价排斥竞争对手时，企业短期内要承受低于成本定价的损失，以从长期垄断利润中收回短期的损失。相比之下，排他性捆绑只要提高单独销售的垄断产品的价格就能达到排斥竞争的效果。Greenlee 等（2008）研究了捆绑折扣的阻止进入效应和引致退出效应。该文献的研究说明，对一个产品市场拥有垄断势力的企业在另一个市场面临竞争时，通过向所有购买其竞争产品的消费者提供购买垄断产品的折扣，可以实现对不同评价的消费者实行价格歧视，从而增加利润。因此得出结论：如果非线性定价不能抽取所有消费者剩余，那么企业提供捆绑折扣总是能够获得更多利润。如果竞争性产品是同质产品且处于完全竞争的市场，此时的捆绑折扣相当于搭售，且捆绑折扣不能达到阻止进入或引致退出的效应；如果竞争性产品是有差异化的产品，此时捆绑折扣相当于混合捆绑策略，可以成为一种价格歧视的手段，若存在固定成本，捆绑折扣则可以阻止潜在企业进入市场或引致已进入市场的企业退出市场。Peitz（2008）研究发现，在产品存在横向差异的情况下，无论市场进入是否发生，捆绑都是垄断企业的占优策略。如果在位垄断企业能成功阻止潜在进入企业进入市场，捆绑所带来的收益将会更大。

（八）研发激励效应

搭售承诺会改变在位者的研发激励，一般来说搭售企业比竞争者的研发激励更大。Choi（1996）在双寡头市场结构下，研究互补品搭售的研发效应。研究发现，如果不存在研发博弈，不搭售是企业的占优策略。如果存在研发博弈，则具有成本优势的企业将获得研发租金，研发租金的收益超过价格竞争的损失，从而从动态的角度肯定了搭售的杠杆效应。Choi 和 Stefanadis（2001，2006）在"竞争—竞争"市场结构下研究了搭售的研发效应，搭售使垄断企业进行成本降低的研发激励更大，有利于垄断企业维持和延伸其优势地位。假定一个垄断企业在两个产品市场同时面临进入威胁（两个市场分别存在一家潜在进入者；一个潜在进入者能同时提供两种产品），如果潜在进入者的技术研发成功，则选择进入市场，这时垄断企业与进入者进行价格竞争。因为研发需要前期固定投资，因此具有风险。这个博弈是一个三阶段博弈：第一阶段，在位企业决定是否搭售；第二阶段，两个潜在进入者进行研发投资；第三阶段，在位者与进入者进行价格竞争。研究发现，在垄断者第一阶段选择搭售的情况下，只有在两个市场都研发成功同时进入时，潜在进入者进入市场才能获得正的收益（当在位企业进行搭售时，倘若只有一个潜在进入者研发成功，那么会因两种产品互补而没有需求）。因此，搭售增加了市场进入的不确定性，降低了竞争者的研发激励，导致每个市场进入发生的概率都降低，从而进入者取代在位者的可能性下降。在这种情况下，搭售会带来消费者剩余的下降和社会福利水平的下降。然而，即使在该研究模型中，在位企业搭售两种产品，也并不总是有利可图的。一方面，如果两个竞争企业同时研发成功，那么搭售能使它们避免被迫退出；另一方面，当只有一个竞争企业研发成功时，搭售会减少在位企业的利润。当然，在后一种情况下，在位企业可以从竞争企业的投资中获利，因为其可利用自己对另一种产品的垄断势力来攫取一些由竞争企业研发所创造的租金。Choi（2004）在"垄断—竞争"的市场结构下研究了搭售对研发激励的影响效应以及对社会福利的影响。文献假定有两种产品——产品 A 和产品 B，产品 A 由企业 1 提供，企业 1 和企业 2 提供有差异的产品 B，两企业对产品 B 进行价格竞争。为便于研究，假定进入产品 A 市场的情况不会发生，只讨论产品 B 市场的研发竞争问题。研究发现：若不存在研发竞争，在企业 1 将产品 A 与产品 B 捆绑销售的情况下，如果不能将企业 2 逐出市场，捆绑就不是有利可图的。若在产品 B 市场存在研发竞争，企业 1 捆绑销售产品后会使企业 1 的市场份额增加，而企业 2 的市场份额减少，捆绑企业和不捆绑企业的市场份额因研发竞争而不对称，企业 1 能够通过捆绑获利。此外，捆绑企业的研发投入增加，而竞争者的研发投入降低，因而捆绑带来了不对称的研发激励效应。研究还发现，存在研发竞争时，即使捆绑使企业价格竞争更激烈，但捆绑的研发激励效应能使捆绑企业获得更多的动态租金，这种动态租金超过价格竞争效应。因此，即使捆绑企业没有将竞争对手排挤出市场，捆绑也是有利的。

（九）作为混淆价格的方式

从企业与消费者之间博弈的角度分析，企业捆绑定价往往会混淆其定价策略，因为消费者通常不能理解捆绑价格和部件价格之间的关系。例如，Microsoft 将 PowerPoint 捆绑在 Office 软件中，并将 PowerPoint 单独出售且制定高价。消费者购买捆绑的产品认为通过捆绑获得了高价值的产品。实际上，垄断企业是在通过捆绑并提供折扣价格的方式向消费者推销一种新产品，由于没有消费者会去购买独立的新产品，因而新产品的市场价格很难衡量。再如，旅行社将机票与保险捆绑销售，对单独出售的保险制定过高的市场价格。反垄断重点关注的捆绑的经济效应是怎样保护消费者利益。

（十）作为对需求不确定性的反应

Burstein（1960）研究说明了如果消费者的需求是确定的，那么通过两部定价的方式企业就可以获得所有的消费者剩余，无须搭售。但是当需求存在私人信息时，两部定价已不能获得所有消费者剩余，这时搭售可以获得更多利润。Mathewson 和 Winter（1997）在 Burstein 研究的基础上进一步研究了价格独立、需求随机相关的市场条件下企业搭售的又一动机：对需求不确定性的反应。该文献先分析了统一定价下的搭售效应，研究表明：当两种产品的需求独立，并且第二种产品在竞争性市场上可以买到时，垄断企业通过把第二种产品搭售到垄断产品上进行销售就可以获利。对统一定价下搭售的分析解释了传统的"杠杆理论"，但是同时揭示了一个问题，即在搭售可行的情况下两部定价同样可行，而确定性的需求又说明企业通过两部定价的方式可以榨取所有的消费者剩余，无须使用搭售手段，因而又把研究扩展到需求不确定的情形，研究两部定价下的搭售效应，需求不确定意味着通过两部定价的方式并不能抽取所有的消费者剩余。这里将条件搭售和两部定价相结合，并假定产品价格独立但在市场间随机相关。研究发现，当满足边际内消费者的平均需求大于边际消费者的需求条件时，搭售是有利可图的。此时，垄断企业把搭售作为一种工具从边际内消费者身上抽取剩余。如果边际内消费者对于竞争性产品比边际消费者具有相对更强的偏好，那么这种抽取就是有利可图的。此外，在一定条件下，垄断企业的这种搭售手段是帕累托非劣的，反垄断当局没有理由禁止这种形式的搭售。

（十一）有利于促成合谋

Evans 和 Salinger（2006）研究垄断企业将垄断产品与竞争性互补品搭售的无限期博弈模型，研究发现搭售有利于促成合谋，削弱市场竞争。该文献模型假定产品 A 由垄断企业提供，产品 B 是产品 A 的互补品，由垄断企业和另一个竞争性企业提供，两企业提供的产品 B 是完全替代产品，没有差异。假定有两类消费者，一类消费者将产品 A 与产品 B 以固定比例消费，另一类消费者只消费产品 B。研究发现，垄断企业将产品 A 与产品 B 搭售，使两企业在产品 B 市场形成合谋更为容易，这是因为搭售降低了互补品竞争企业偏离合谋的收益，从而可以防止竞争性企业偏离合谋均衡；在无论垄断企业搭售与否产品 B 市场合谋都可行的情况下，搭售能够增加垄断企业在合谋市场中的市场份额，从而增加利润。

（十二）有利于缓解"搭便车"问题

大多数文献研究的都是私人物品的捆绑问题，而 Hanming 和 Peter（2003）则研究了捆绑在具有排他性的公共物品中的效应。研究认为，将不相关的公共物品捆绑销售可以减少公共物品消费中的免费"搭便车"问题，进而增加了公共物品提供的可能性，增加社会福利。这是因为，捆绑可以减少产品评价的方差，从而减少排他性，增加收益。

五、搭售的政策措施

（一）纵向一体化的启示

最初认为，两个互补产品生产企业合并所引致的问题是一个新的话题，有案例表明市场价格因合并而下降。然而，在纵向一体化的案例中就出现过同样的问题。因此，我们可以通过从纵向约束的反垄断文献中所获得的深刻见解来了解合并或捆绑销售的反垄断政策建议。

纵向一体化可以消除双重加价（Double Marginalization）的问题。举例来说，假设上下游企业均是一个垄断企业，一体化后的价格效应有益于社会福利：消费者支付的价格降低而企业获得的利润增加，这是因为一体化消除了垄断定价的无效率。

我们也可以同样考虑上下游企业都面临竞争者时纵向一体化的情况，可以很容易地知道，一体化企业相对于竞争对手均具有定价优势，将获得更多的市场份额，然而，最终结果能否获得更高的利润将取决于预期均衡时竞争对手的反应。简言之，可以以寡头市场中古诺效应的例子来解释诸如此类的问题。

以上分析引出一个很有趣的问题：既然纵向合并消除双重加价被认为是一个提高效率的行为，那为什么互补产品横向合并却不被这样认为呢？或者，反过来说，在寡头市场上，为什么一个企业实行纵向合并后将比非一体化的竞争者更有优势，而该企业的定价却更无效率呢？笔者认为，对互补产品横向合并的反垄断政策将能从纵向一体化文献中获得更多的启发。

（二）政策补救

若一种行为的净效应是负的，那么对这种行为需要寻找结构或行为的补救方法来消除其对社会福利的负面影响。就捆绑销售而言，其本身具备一种简单的行为补救办法，即企业可以承诺不会实行捆绑。

如果企业潜在的捆绑可能成为反垄断当局关注的一个重要问题，那么合并企业承诺不会提供捆绑折扣将暗示着可能的捆绑销售行为并不是企业合并的动机。加之，由于捆绑行为会导致潜在的市场支配地位，那么没有捆绑的情况下合并将不会带来市场支配地位。

禁止提供捆绑折扣是一种简单易于实施的政策。政府可以规定企业必须详细列明打包销售组件的分类明细，并对打包销售中的每个组件定价，所有组件价格的总和不能超过捆绑定价，因为只有在对捆绑产品提供折扣时捆绑销售才有实质性的影响。对企业捆绑的规制不必在意企业对各个组件的定价，企业可以对单独销售的产品制定任何可行的价格，只需要保证捆绑价格不会低于所有单独销售组件的价格之和。在 GE 和 Honeywell 的合并案中，欧盟委员会拒绝通过合并申请，说明欧盟委员会更偏好用结构性的补救办法而不是行为性的补救办法。然而，采用行为性的补救办法并不是很难实施。因为，在行为性的补救办法下，如果企业不提供每个产品的单独销售价格或者单独销售价格之和超过捆绑价格，那么可以认定企业的行为则是违法的。

事实上，通过非捆绑协议这种行为措施来解决捆绑问题并非易事。首先，由于价格是通过谈判达成而非直接告知，因此消费者需要提供证据证明企业试图实行捆绑销售。若消费者只对捆绑产品里的一部分组件有需求并且想要得到消费折扣，就会去提供此类证明。如果企业拒绝对每项组件提供折扣，则可能会违反非捆绑协议。然而，提供这项证明的消费者可能会在下一阶段与该企业的谈判中处于不利地位。其次，非捆绑协议难以实施的第二个原因是：捆绑激励可能来自消费者而不是生产者。为了试图得到更大的捆绑折扣，消费者可能承诺如果企业能够提供更优惠的价格，便会从企业同时购买产品 A 和产品 B。如果双方达成共识，则没有一方受到激励将结果告知反垄断当局。

（三）捆绑进入壁垒效应的政策选择

虽然捆绑折扣策略导致的进入壁垒效应类似于捆绑折扣消除双重加价的效应，但这两种效应的作用机制大不相同。对于进入壁垒效应而言，两种产品不必是互补品，消费者可以并且确实对两种产品单独评价。真正看重另一产品的消费者不会转而购买进入者的产品，在位企业从另一种产品中获得的消费者剩余使单产品企业进入困难，这使进入者的市场仅限于那部分偏好其产品且对捆绑产品中的另一种产品评价不高的消费者。

在这种情况下，一个解决办法是限制捆绑折扣的幅度。对捆绑折扣的限制可能为零折扣，这时要求企业打包销售商品中的每种产品定价之和等于捆绑产品的价格。也可能对捆绑折扣的限制是10%，因此独立产品价格之和不能比捆绑产品的价格高出10%以上。折扣越大，单产品生产者进入市场与在位者竞争就越困难。但是，显而易见的问题是取消捆绑折扣将导致消费者支付的价格上涨。笔者认为，比较理想的情况是，进入者可以使用在位者的另一种产品与其自身产品组成一个竞争性捆绑产品。比如，一个提供 Word 改进版本的企业可以将其产品与 Excel 和 PowerPoint 打包一起出售。此类捆绑的解决办法不需要对企业的收益份额和价格进行规制，对捆绑折扣的限制就能直接发挥作用。只要消费者购买所有项目的总费用不超过事先规定的折扣比例，那么企业可以根据自身情况制定任何价格。从这个角度来看，购买 Microsoft Office 组件时 60%的溢价说明捆绑折扣似乎过高，而我们规制的目标是降低单个组件的价格而不是提高 Office 捆绑产品的价格，这样造成的可能结果是大部分销售的是软件套件而不是单个组件。

笔者认为，规制者和法院都在对比一个企业采取某项措施带来的潜在危害和一个行业的企业采取某项措施带来的潜在危害。当一个企业，即使是一个领导企业采取搭售策略，对社会也不会造成危害。这是因为，单独一个企业不足以导致独立的互补产品生产企业退出市场。然而，如果行业中的其他企业效仿这个企业的策略，便会导致互补品市场其他企业的消亡。政策制定者需要正确考虑的一个问题是：我们如何判定一项措施是由一个行业中的所有企业来实施的？如果这项措施使市场进入更加困难，那么是这项措施本身而不是某个特定企业的行为需要被禁止。

第三章 消费者连续分布条件下互补产品搭售研究

搭售行为是企业策略性行为研究的主要内容，也是反垄断当局始终关注的重要议题。本章主要研究对基本品拥有垄断势力的企业搭售互补产品的策略动因以及搭售引起的福利效应，主要解决以下几个重要问题：第一，对基本品拥有垄断势力的企业通过搭售是否能将基本品的垄断势力传递到竞争性互补产品上，即此时搭售能否发挥杠杆效应；第二，面对异质性消费者，垄断企业的这种搭售策略能否发挥价格歧视效应从而榨取更多的消费者剩余来获利；第三，与独立定价相比较，企业搭售策略对社会福利将产生怎样的影响；第四，本章的研究结论对企业营销策略以及公共政策选择具有怎样的意义。此外，本章模型的分析可以从一个角度解释柯达企图垄断售后市场的案例——柯达拒绝提供零部件的销售策略将第三方服务的提供者排挤出先进设备的售后市场，此举引发了人们对柯达的反垄断争议。

一、搭售的策略效应

搭售作为企业普遍采取的一种营销策略，引起反垄断质疑的主要原因在于其策略效应会导致福利损失或产生市场排斥效应。垄断企业搭售的一个重要原因是搭售可以成为一种有效的价格歧视手段，即搭售能够发挥价格歧视效应。价格歧视效应是指垄断企业通过将垄断产品与竞争性产品搭售迫使需求强度较高的消费者支付更多的费用，从而实现根据消费者需求强度或偏好程度的不同来实行价格歧视，榨取更多的消费者剩余，从而获得额外利润。如果垄断企业不能实行价格歧视，那么统一定价将选择边际成本等于边际收益时的价格。但是，这个价格是无效率的。因为在这个价格下，有些消费者对产品的评价高于产品的边际成本却低于价格，此时垄断企业垄断定价将失去这部分消费者的剩余。在企业不能实行价格歧视时，通过搭售也可以达到与价格歧视相同的效果。究其原因——搭售可以有效地降低消费者偏好的差异性，尤其在产品是负相关的时候更明显，垄断企业可以通过搭售获取更多的消费者剩余从而增加利润。Burstein（1960）首先证明了在消费者需求确定的情况下生产独立产品的企业通过搭售可以更多地榨取消费者剩余，增加利润。然而我们知道，在需求确定的情况下，通过两部定价下的固定费用便可获得所有消费者剩余，无须搭售，这就要求寻找新的研究框架来完善对搭售价格歧视效应的研究。Mathewson 和 Winter（1997）在 Burstein 研究框架下进一步研究了消费者需求随机相关的情况下搭售有利可图的市场条件。研究发现，对于消费者异质且需求存在私人信息时，通过两部定价的方式不能榨取所有消费者剩余，而通过搭售则可以获得更多利润，并且此时搭售的最优定价是拉姆齐定价（Ramsey Pricing）。

总结以上两篇文献的研究可以发现，Burstein（1960）及 Mathewson 和

Winter（1997）得到的结论都是基于独立产品的前提，并且是在垄断—寡头的市场结构下研究的。对于独立产品，企业搭售总是可以获利，并且在需求确定的条件下，搭售和两部定价能够达到同样的效果。当消费者异质且需求不确定时，搭售可以作为一种价格歧视手段，迫使需求强度较高的消费者支付较高的价格。

与上述研究不同，本章基于 Burstein（1960）及 Mathewson 和 Winter（1997）的研究方法，在基本品—互补品是垄断—竞争的市场结构下，进一步研究互补产品条件搭售的策略效应和福利效应。与 Motta（2004）互补产品条件搭售模型中消费者偏好离散分布的假定不同，本章通过建立一个消费者偏好连续分布的搭售模型，可以得出垄断企业采取搭售策略的充要条件。研究发现，在消费者对基本品具有单位需求，而对互补品是多需求的情况下，实施搭售可以实现对不同需求强度的消费者实行歧视定价，垄断企业借此可以获得更多利润，其结果类似于两部定价法。此外，无论垄断企业是服务于所有消费者还是只服务一部分偏好较高的消费者，相对于独立销售而言，搭售都是降低社会福利的。因为搭售使竞争性产品以高于边际成本的价格出售，从而导致了配置的无效率。在本章研究的互补产品搭售模型中，搭售会降低社会福利，因而禁止搭售会提高社会福利。

本章剩余部分的结构安排如下：第二部分为本章基本模型描述；第三部分在消费者偏好服从一般连续分布的条件下研究垄断企业搭售是否有利可图以及搭售对社会福利的影响；第四部分在第三部分基本假设条件的基础上，用一般形式的拟线性效用函数来分析垄断企业搭售的策略效应和福利效应；第五部分为柯达案例分析。

二、基础模型设计

假定市场中存在两种产品——产品 A 和产品 B，其中产品 A 由企业 1 垄断，产品 B 是一个竞争性产品。生产产品 A 和产品 B 的边际成本分别为 c_A 和 c_B，且有 $c_A < 1$、$c_B < 1$。为简化分析，假定产品 A 和产品 B 的生产都不需要承担固定成本。产品 A 和产品 B 是互补产品，两个产品只有组成系统同时使用时才有效用，单独使用时的效用为零。

消费者对系统 AB 的评价 v 在 $[\underline{v}, \overline{v}]$ 之间连续分布，密度函数和累积概率分布函数分别为 $f(v)$ 和 $F(v)$，其中偏好参数 v 用来衡量消费者的需求强度，偏好参数越大的消费者需求强度越高。消费者对产品 A 的需求为单位需求，对产品 B 的需求量为 q 单位，可以看出，这里垄断产品是一个基本品。定义消费者 i 购买 1 单位产品 A 和 q_i 单位产品 B 所获得的效用为：

$$U_i = q_i - \frac{q_i^2}{2v_i} \tag{3-1}$$

式（3-1）效用函数满足消费者理论中有关消费者效用函数的一般性质：$\partial^2 U_i / \partial q_i \partial v_i = q_i / v_i^2 > 0$，即偏好越高的消费者边际效用越大。

企业 1 的销售策略有两种：一种策略是独立销售，此时消费者可以从企业 1 购买产品 A，然后从其他竞争性企业那里购买产品 B。另一种策略是搭售，即要想从企业 1 购买产品 A，那么必须同时从企业 1 购买产品 B，垄断企业的策略选择由价格组合 (p_A, p_B) 来确定。由于产品 B 市场是一个完全竞争市场，因而可以得知：

如果 $p_B > c_B$，那么垄断企业的销售策略为搭售（T）；如果 $p_B = c_B$，那么垄断企业的销售策略为独立销售，即非搭售策略（NT）；如果 $p_B < c_B$，我们称为

补贴策略，此时也是一种非搭售策略。企业 1 的价格组合（p_A，p_B）能够吸引消费者购买产品的条件是必须使消费者获得非负的剩余。也就是说，给定企业 1 的价格组合（p_A，p_B），垄断企业面临的消费者个人理性约束条件为：

$$q_i - \frac{q_i^2}{2v_i} - p_A - p_B q_i \geq 0 \tag{3-2}$$

垄断企业的决策即在消费者个人理性约束条件下选择价格以使利润最大化。

三、消费者偏好服从一般分布下的垄断企业策略选择

这一部分在消费者偏好一般分布条件下来研究垄断企业的销售策略选择以及垄断企业的不同策略对社会福利的影响。每个消费者对产品 A 是单位需求，对产品 B 的需求则由净效用最大化推出。因此，偏好为 i 的消费者净剩余最大化问题表示为：

$$V_i = \max_{q_i} U_i - p_A - p_B q_i = \max_{q_i} q_i - \frac{q_i^2}{2v_i} - p_A - p_B q_i \tag{3-3}$$

由效用最大化的一阶条件 $\partial V_i / \partial q_i = 0$ 得出消费者对产品 B 的需求为：$q_i = v_i (1 - p_B)$。

（一）所有消费者都购买的独立销售策略

如果垄断企业选择独立销售，那么应通过对两产品独立定价（p_A，p_B）来使利润达到最大。要使消费者都购买垄断企业的产品，则必须满足评价最低的消费者获得的净剩余不小于零，即满足 $CS_{\underline{v}} = \underline{v}(1 - c_B)^2 / 2 - p_A \geq 0$。因为产品 B 是

一个竞争性产品，因而有 $p_B = c_B$。这样，企业 1 为使所有消费者都购买其产品，对产品 A 的定价必须是：$p_A = \underline{v}(1 - c_B)^2/2$。

在这个价格组合下，评价为 $\underline{v}$ 的消费者剩余为零，所有评价高于 $\underline{v}$ 的消费者都能获得正的剩余，因而消费者总剩余为：

$$CS^{NT} = \int_{\underline{v}}^{\bar{v}} \left[v(1 - c_B)^2/2 - p_A \right] f(v) \, \mathrm{d}v = \frac{(1 - c_B)^2}{2} \left[\int_{\underline{v}}^{\bar{v}} vf(v) \, \mathrm{d}v - \underline{v} \right] \quad (3\text{-}4)$$

独立销售产品时，对产品 B 进行竞争性定价，则企业 1 的利润只包括从产品 A 中获得的利润，其利润计算如下：

$$\pi^{NT} = \int_{\underline{v}}^{\bar{v}} (p_A - c_A) f(v) \, \mathrm{d}v = p_A - c_A = \underline{v}(1 - c_B)^2/2 - c_A \quad (3\text{-}5)$$

社会福利为：

$$W^{NT} = CS^{NT} + \pi^{NT} = \frac{(1 - c_B)^2}{2} \int_{\underline{v}}^{\bar{v}} vf(v) \, \mathrm{d}v - c_A \quad (3\text{-}6)$$

（二）所有消费者都购买的搭售策略

如果企业 1 将产品 A 和产品 B 搭售，要求买产品 A 的消费者也必须购买产品 B，那么企业 1 搭售合约的价格组合 (p_A, p_B) 要在满足所有消费者都接受搭售合约的个人理性约束条件下使利润最大化。企业 1 的价格组合满足评价为 $\underline{v}$ 的消费者个人理性约束条件时，所有偏好高于 $\underline{v}$ 的消费者的个人理性约束条件都能够得到满足。此时企业 1 的利润为：

$$\pi = p_A - c_A + (p_B - c_B) \int_{\underline{v}}^{\bar{v}} \left[v(1 - p_B) \right] f(v) \, \mathrm{d}v$$

$$\text{s. t. } CS_{\underline{v}} = \underline{v}(1 - p_B)^2/2 - p_A \geqslant 0 \quad (3\text{-}7)$$

在约束条件为紧约束时，将 $p_A = \underline{v}(1 - p_B)^2/2$ 代入利润函数，有：

$$\pi = \underline{v}(1 - p_B)^2/2 - c_A + (p_B - c_B) \int_{\underline{v}}^{\bar{v}} \left[v(1 - p_B) \right] f(v) \, \mathrm{d}v \quad (3\text{-}8)$$

企业 1 利润最大化关于 p_B 的一阶条件为：

$$\partial\pi / \partial p_B = -\underline{v}(1 - p_B) + \int_{\underline{v}}^{\bar{v}} [v(1 - p_B)] f(v)\,\mathrm{d}v - (p_B - c_B)\int_{\underline{v}}^{\bar{v}} vf(v)\,\mathrm{d}v = 0$$

$$(3-9)$$

计算可得:

$$p_B^T = \frac{(1 + c_B)\int_{\underline{v}}^{\bar{v}} vf(v)\,\mathrm{d}v - \underline{v}}{2\int_{\underline{v}}^{\bar{v}} vf(v)\,\mathrm{d}v - \underline{v}}$$

$$(3-10)$$

因为 $c_B < 1$,可以很容易地验证: $p_B^T > c_B$,分析如下:

$$p_B^T - c_B = \frac{(1 + c_B)\int_{\underline{v}}^{\bar{v}} vf(v)\,\mathrm{d}v - \underline{v}}{2\int_{\underline{v}}^{\bar{v}} vf(v)\,\mathrm{d}v - \underline{v}} - c_B$$

$$= \frac{(1 - c_B)\left[\int_{\underline{v}}^{\bar{v}} vf(v)\,\mathrm{d}v - \underline{v}\right]}{2\int_{\underline{v}}^{\bar{v}} vf(v)\,\mathrm{d}v - \underline{v}} > 0$$

$$(3-11)$$

式(3-11)说明在服务所有消费者的情况下,企业 1 会选择搭售。通过搭售,企业 1 可以将产品 A 上的垄断势力传递到产品 B 中,从而通过更多地榨取边际内消费者的剩余来增加利润。

为使所有消费者都购买产品,企业 1 制定产品 A 的价格需满足: $CS_{\underline{v}} = \underline{v}(1 - p_B)^2/2 - p_A = 0$。可得到产品 A 的最优定价为:

$$p_A^T = \underline{v}(1 - p_B)^2/2 = \frac{\underline{v}(1 - c_B)^2}{2}\left[\frac{\int_{\underline{v}}^{\bar{v}} vf(v)\,\mathrm{d}v}{2\int_{\underline{v}}^{\bar{v}} vf(v)\,\mathrm{d}v - \underline{v}}\right]^2$$

$$(3-12)$$

由式(3-12)可以看出, p_A^T 可以大于或小于 c_A。

将 p_A^T 和 p_B^T 代入企业利润函数可得企业搭售时所获得的利润为:

$$\pi^T = \frac{\underline{v}(1 - c_B)^2}{2}\left[\frac{\int_{\underline{v}}^{\bar{v}} vf(v)\,\mathrm{d}v}{2\int_{\underline{v}}^{\bar{v}} vf(v)\,\mathrm{d}v - \underline{v}}\right]^2 - c_A + \frac{(1 - c_B)\left[\int_{\underline{v}}^{\bar{v}} vf(v)\,\mathrm{d}v - \underline{v}\right]}{2\int_{\underline{v}}^{\bar{v}} vf(v)\,\mathrm{d}v - \underline{v}}$$

$$\int_{\underline{v}}^{\bar{v}} vf(v) \, \frac{(1-c_B) \int_{\underline{v}}^{\bar{v}} vf(v) \, dv}{2\int_{\underline{v}}^{\bar{v}} vf(v) \, dv - \underline{v}} \, dv$$

$$= \left[\frac{(1-c_B) \int_{\underline{v}}^{\bar{v}} vf(v) \, dv}{2\int_{\underline{v}}^{\bar{v}} vf(v) \, dv - \underline{v}} \right]^2 \left[\int_{\underline{v}}^{\bar{v}} vf(v) \, dv - \frac{\underline{v}}{2} \right] - c_A \qquad (3-13)$$

计算社会福利为：

$$W^T = CS^T + \pi^T = \left[\frac{(1-c_B) \int_{\underline{v}}^{\bar{v}} vf(v) \, dv}{2\int_{\underline{v}}^{\bar{v}} vf(v) \, dv - \underline{v}} \right]^2 \left[\int_{\underline{v}}^{\bar{v}} vf(v) \, dv - \frac{\underline{v}}{2} \right] - c_A +$$

$$\int_{\underline{v}}^{\bar{v}} \left\{ \frac{v}{2} \left[\frac{(1-c_B) \int_{\underline{v}}^{\bar{v}} vf(v) \, dv}{2\int_{\underline{v}}^{\bar{v}} vf(v) \, dv - \underline{v}} \right]^2 - \frac{\underline{v}}{2} \left[\frac{(1-c_B) \int_{\underline{v}}^{\bar{v}} vf(v) \, dv}{2\int_{\underline{v}}^{\bar{v}} vf(v) \, dv - \underline{v}} \right]^2 \right\} f(v) \, dv$$

$$= \left[\frac{(1-c_B) \int_{\underline{v}}^{\bar{v}} vf(v) \, dv}{2\int_{\underline{v}}^{\bar{v}} vf(v) \, dv - \underline{v}} \right]^2 \left[\int_{\underline{v}}^{\bar{v}} \frac{3}{2} vf(v) \, dv - \underline{v} \right] - c_A \qquad (3-14)$$

（三）所有消费者都购买时两种销售策略的均衡比较

（1）利润比较。为分析所有消费者都购买垄断企业的产品时垄断企业的最优策略选择，做如下分析：

$$\pi^T - \pi^{NT} = \left[\frac{(1-c_B) \int_{\underline{v}}^{\bar{v}} vf(v) \, dv}{2\int_{\underline{v}}^{\bar{v}} vf(v) \, dv - \underline{v}} \right]^2 \left[\int_{\underline{v}}^{\bar{v}} vf(v) \, dv - \frac{\underline{v}}{2} \right] - \frac{\underline{v}(1-c_B)^2}{2}$$

$$= (1-c_B)^2 \left[\frac{E(v)}{2E(v) - \underline{v}} \cdot \frac{2E(v) - \underline{v}}{2} - \frac{\underline{v}}{2} \right]$$

$$= (1 - c_B)^2 \left[\frac{E(v) - \underline{v}}{2} \right] > 0 \qquad\qquad (3-15)$$

由式（3-15）可以看出，搭售情况下企业利润高于独立销售。究其原因，搭售时垄断企业可以迫使评价较高的消费者支付较高的价格，即对不同偏好的消费者实行价格歧视。同时，搭售可以使企业 1 将产品 A 的垄断势力传递到产品 B 中，从而更多地榨取边际内消费者的剩余。

（2）社会福利比较。为判断搭售对社会福利的影响，做如下分析：

$$W^T - W^{NT} = \left[\frac{(1 - c_B)\int_{\underline{v}}^{\bar{v}} v f(v)\,\mathrm{d}v}{2\int_{\underline{v}}^{\bar{v}} v f(v)\,\mathrm{d}v - \underline{v}} \right]^2 \left[\int_{\underline{v}}^{\bar{v}} \frac{3}{2} v f(v)\,\mathrm{d}v - \underline{v} \right] - \frac{(1 - c_B)^2}{2} \int_{\underline{v}}^{\bar{v}} v f(v)\,\mathrm{d}v$$

$$= (1 - c_B)^2 E(v) \left[\frac{E(v)}{(2E(v) - \underline{v})^2} \left(\frac{3}{2} E(v) - \underline{v} \right) - \frac{1}{2} \right]$$

$$= (1 - c_B)^2 E(v) \left[\frac{(-5E(v) + 2\underline{v})(E(v) - \underline{v}) - \underline{v}E(v)}{2(2E(v) - \underline{v})^2} \right] < 0$$

$$\qquad\qquad\qquad (3-16)$$

由式（3-16）可以看出，产品搭售下的社会福利低于独立销售时的社会福利。如果不实行搭售，消费者可以以竞争性价格购买产品 B，因而社会福利较高，而搭售使垄断企业将垄断产品的市场势力传递到竞争性产品上，使竞争性产品以高于边际成本的价格出售，导致了配置的无效率。此外，搭售增加了垄断企业的利润，但是同时减少了消费者福利，而消费者剩余的减少超过了垄断企业利润的增加，因而净效应是社会福利的降低。在消费者都购买垄断企业产品的情况下，比较搭售与独立销售的均衡结果，可得到命题 3-1。

命题 3-1：在消费者都购买垄断企业产品的情况下，与独立销售相比较，垄断企业搭售获利更多，而社会福利更低。

（四）只服务于评价较高的消费者时垄断企业策略选择

如果企业 1 只选择服务一部分消费者，是否搭售还是一个有利可图的策略？假定，企业 1 只服务于偏好高于 v^* 的消费者，在企业的定价（p_A，p_B）下，具有偏好 v^* 的消费者在购买和不购买之间无差异，那么所有偏好满足 $v \geqslant v^*$ 的消费者将选择购买企业 1 的产品，这里 v 是衡量消费者对产品 B 的需求强度的偏好参数。如果将消费者从产品 B 中获得的净效用表示为 $V_B(p_B)$，那么，v^* 是满足下式 v 的解：$vV_B(p_B) - p_A = 0$。因此有：

$$p_A = v^* V_B(p_B) = v^* \frac{(1-p_B)^2}{2} \tag{3-17}$$

企业 1 的利润表示为：

$$\pi = \left[v^* \frac{(1-p_B)^2}{2} - c_A \right] \left[1 - F(v^*) \right] + (p_B - c_B) \int_{v^*}^{\bar{v}} v(1-p_B) f(v) \, \mathrm{d}v$$

$$\tag{3-18}$$

企业 1 利润最大化关于 p_B 的一阶条件为：

$$\partial \pi / \partial p_B = -v^* \left[1 - F(v^*) \right] (1 - p_B) + (1 - p_B)$$

$$\int_{v^*}^{\bar{v}} vf(v) \, \mathrm{d}v - (p_B - c_B) \int_{v^*}^{\bar{v}} vf(v) \, \mathrm{d}v = 0 \tag{3-19}$$

从式（3-19）可以看出，$p_B = c_B$ 的充分必要条件是：$v^*(1 - p_B) = \dfrac{\int_{v^*}^{\bar{v}} vf(v) \, \mathrm{d}v}{1 - F(v^*)} (1 - p_B)$，即边际消费者的需求量等于边际内消费者的平均需求量。满足以上条件时，企业 1 将选择独立销售产品，只期望从产品 A 中获得利润。

反过来，如果 $\dfrac{\int_{v^*}^{\bar{v}} vf(v) \, \mathrm{d}v}{1 - F(v^*)} (1-p_B) > v^*(1-p_B)$，企业搭售可以获得更多的利润。

此时，边际内消费者对产品 B 的需求强度大于边际消费者的需求强度，企业 1 通过搭售可以更多地榨取边际内消费者的剩余，从而增加利润。由以上分析可得到命题 3-2。

命题 3-2：当 $\dfrac{\int_{v^*}^{\bar{v}} vf(v) \, \mathrm{d}v}{1 - F(v^*)} (1-p_B) - v^*(1-p_B) > 0$ 时，企业 1 搭售比独立

销售获利更多。也就是，当边际内消费者的平均需求量高于边际消费者的需求量时，企业 1 搭售更有利可图。上述不等式是企业 1 搭售的充分必要条件。

通过简单的计算分析可知，上述边际内消费者的平均需求量高于边际消费者需求量的条件必然成立，因此，当垄断企业只服务一部分消费者时，搭售占优于独立销售，垄断企业的最优策略是搭售。

当企业 1 只服务评价高于 v^* 的消费者时，所有偏好满足 $v > v^*$ 的消费者都有正的消费者剩余，总消费者剩余为：

$$CS^* = \int_{v^*}^{\bar{v}} \left[v(1-p_B)^2/2 - p_A \right] f(v) \, \mathrm{d}v = \frac{(1-p_B)^2}{2} \int_{v^*}^{\bar{v}} (v - v^*) f(v) \, \mathrm{d}v$$

$$(3-20)$$

总社会福利计算如式（3-21）所示：

$$W^* = CS^* + \pi^* = \frac{(1-p_B)^2}{2} \int_{v^*}^{\bar{v}} (v - v^*) f(v) \, \mathrm{d}v + \left[v^* \frac{(1-p_B)^2}{2} - c_A \right]$$

$$\left[1 - F(v^*) \right] + (p_B - c_B) \int_{v^*}^{\bar{v}} v(1-p_B) f(v) \, \mathrm{d}v \qquad (3-21)$$

基于以上分析我们提出命题 3-3。

命题 3-3：当企业 1 只服务评价高于 v^* 的消费者时，搭售降低社会福利。

证明：当企业 1 独立销售时，有 $p_B = c_B$，此时社会福利为：

$$W^{NT} = \frac{(1-c_B)^2}{2} \int_{v^*}^{\bar{v}} (v - v^*) f(v) \, \mathrm{d}v + \left[v^* \frac{(1-c_B)^2}{2} - c_A \right] \left[1 - F(v^*) \right]$$

$$(3-22)$$

为分析企业 1 只服务一部分消费者时，搭售对社会总福利的影响，做如下分析：

$$W^{NT} - W^* = \frac{v^* \left[(1-c_B)^2 - (1-p_B)^2 \right]}{2} \left[1 - F(v^*) \right] + \frac{(1-c_B)^2 - (1-p_B)^2}{2}$$

$$\int_{v^*}^{\bar{v}} (v - v^*) f(v) \, \mathrm{d}v - (p_B - c_B)(1-p_B) \int_{v^*}^{\bar{v}} v f(v) \, \mathrm{d}v$$

$$= \left[\frac{(1-c_B)^2}{2} - (1-p_B)\left(\frac{1}{2} + \frac{1}{2}p_B - c_B \right) \right] \int_{v^*}^{\bar{v}} vf(v)\,\mathrm{d}v$$

记 $f(c_B) \equiv \dfrac{(1-c_B)^2}{2} - (1-p_B)\left(\dfrac{1}{2} + \dfrac{1}{2}p_B - c_B \right)$，可知 $f'(c_B) = c_B - p_B < 0$，因为

$f(1) = \dfrac{1}{2}(1-p_B)^2 > 0$，所以有 $f(c_B) > 0\,(0 < c_B < 1)$。命题得证。

当企业 1 只服务偏好高于 v^* 的消费者时，相对于独立定价而言，企业 1 搭售会降低社会福利。这个结论与企业 1 向所有消费者提供产品时搭售的福利效应是一致的。由于对竞争性产品的定价高于边际成本从而带来配置的无效率，搭售的价格歧视效应引起的消费者剩余的减少超过了搭售带来的利润增加，因此净效应是社会福利的降低。

四、一般效用函数下垄断企业的策略选择

以上部分的分析具体化了消费者效用函数的形式，分析结论清晰明了但缺乏一般性的说服力，这一部分用更一般性的效用函数形式来分析垄断企业搭售策略的经济效应。下面假定消费者购买 1 单位产品 A 和 q 单位产品 B 所获得的效用函数为：$U(1_A, q_B) = w + vU_B(q_B/v)$，其中 w 是一个常数，用来衡量消费者从基本品 A 中获得的效用，$U_B(q_B/v)$ 是消费者从互补产品 B 中获得的效用，消费者的偏好参数 v 衡量消费者对产品 B 的需求强度。企业 1 的策略为选择价格组合 (p_A, p_B) 以使利润最大。根据上述消费者的直接效用函数，我们可以得出间接效用函数为：

$$V(1, p_B) = w + vV_B(p_B) \tag{3-23}$$

下面分别分析企业 1 选择独立销售策略和搭售策略的利润以及搭售的福利效应。

（一）所有消费者都购买时的独立销售策略

给定企业 1 的定价 (p_A, p_B)，要使所有消费者都购买产品，企业 1 的定价要满足偏好为 $\underline{v}$ 的消费者在购买与不购买之间无差异，此时所有 $v \geq \underline{v}$ 的消费者都会购买企业 1 的产品。边际消费者的偏好 $\underline{v}$ 是满足下式 v 的解：$w + vV_B(p_B) - p_A = 0$。因此，垄断产品的价格为：$p_A = w + \underline{v}V_B(p_B)$。垄断产品的定价正好使评价为 $\underline{v}$ 的消费者净剩余为零，而所有偏好高于 $\underline{v}$ 的消费者都会获得正的剩余，这时，所有消费者个人理性约束条件都得以满足。

当垄断企业独立销售产品时，有 $p_B = c_B$。此时企业 1 对产品 A 的定价为：$p_A = w + \underline{v}V_B(c_B)$。企业 1 独立销售产品时利润只包括从产品 A 中获得的利润，其利润表示如下：

$$\pi^{NT} = w + \underline{v}V_B(c_B) - c_A \tag{3-24}$$

消费者总剩余为：

$$CS^{NT} = \int_{\underline{v}}^{\bar{v}} \left[w + vV_B(c_B) - p_A \right] f(v)\,\mathrm{d}v$$

$$= V_B(c_B) \int_{\underline{v}}^{\bar{v}} (v - \underline{v}) f(v)\,\mathrm{d}v \tag{3-25}$$

社会福利计算如下：

$$W^{NT} = CS^{NT} + \pi^{NT} = V_B(c_B) \int_{\underline{v}}^{\bar{v}} (v - \underline{v}) f(v)\,\mathrm{d}v + w + \underline{v}V_B(c_B) - c_A$$

$$= w + V_B(c_B) \int_{\underline{v}}^{\bar{v}} vf(v)\,\mathrm{d}v - c_A \tag{3-26}$$

（二）所有消费者都购买时的搭售策略

如果企业 1 选择搭售，那么提供的价格组合 (p_A, p_B) 要保证所有消费者都购买产品，产品 A 的定价应为：$p_A = w + \underline{v}V_B(p_B)$，即企业 1 对产品 A 的定价正好使偏好为 $\underline{v}$ 的消费者在买与不买之间无差异，获得剩余为零，而所有偏好高于 $\underline{v}$ 的消费者会购买企业 1 的搭售产品并获得正的剩余。企业 1 的利润为：

$$\pi^T = w + \underline{v}V_B(p_B) - c_A + (p_B - c_B)\int_{\underline{v}}^{\bar{v}} q_B(p_B)vf(v)\,\mathrm{d}v \qquad (3\text{-}27)$$

企业 1 利润最大化对 p_B 的一阶条件为：

$$\partial\pi/\partial p_B = \underline{v}V'_B(p_B) + \int_{\underline{v}}^{\bar{v}} q_B(p_B)vf(v)\,\mathrm{d}v + (p_B - c_B)\int_{\underline{v}}^{\bar{v}} q'_B(p_B)vf(v)\,\mathrm{d}v = 0$$

$$(3\text{-}28)$$

整理有：$q_B(p_B)\big[E(v) - \underline{v}\big] + (p_B - c_B)q'_B(p_B)E(v) = 0$。可以很容易地看出：$p_B > c_B$。

消费者总剩余计算如下：

$$CS^T = \int_{\underline{v}}^{\bar{v}} \big[w + vV_B(p_B) - p_A\big]f(v)\,\mathrm{d}v$$

$$= V_B(p_B)\int_{\underline{v}}^{\bar{v}}(v - \underline{v})f(v)\,\mathrm{d}v \qquad (3\text{-}29)$$

社会福利计算如下：

$$W^T = CS^T + \pi^T$$

$$= w + V_B(p_B)\int_{\underline{v}}^{\bar{v}}vf(v)\,\mathrm{d}v + (p_B - c_B)\int_{\underline{v}}^{\bar{v}} q_B(p_B)vf(v)\,\mathrm{d}v - c_A \qquad (3\text{-}30)$$

（三）所有消费者都购买时两种销售策略的均衡比较

比较搭售和独立销售的均衡利润和社会福利，可以得出以下命题：

命题 3-4：在消费者效用函数可表示为 $U(1, q_B) = w + vU_B(q_B/v)$ 时，与独立销售相比，垄断企业搭售将提高利润，而社会福利则会降低。

证明：当垄断企业服务所有消费者时，垄断企业搭售是否获利更多，分析如下：

$$\pi^T - \pi^{NT} = \underline{v}\big[V_B(p_B) - V_B(c_B)\big] + (p_B - c_B)\int_{\underline{v}}^{\bar{v}} q_B(p_B)vf(v)\,\mathrm{d}v$$

$$= \underline{v}\big[c_Bq_B(c_B) - p_Bq_B(p_B)\big] + (p_B - c_B)q_B(p_B)E(v)$$

因为 $q_B(c_B) > q_B(p_B)$，

因而有：$\pi^T - \pi^{NT} > \underline{v}\big[c_Bq_B(p_B) - p_Bq_B(p_B)\big] + (p_B - c_B)q_B(p_B)E(v)$

$= (p_B - c_B) q_B(p_B) [E(v) - \underline{v}] > 0$，即 $\pi^T > \pi^{NT}$。

为比较搭售的福利效应，做如下分析：

$$W^T - W^{NT} = V_B(p_B) \int_{\underline{v}}^{\overline{v}} vf(v) \mathrm{d}v - (p_B - c_B) q_B(p_B) \int_{\underline{v}}^{\overline{v}} vf(v) \mathrm{d}v - V_B(c_B) \int_{\underline{v}}^{\overline{v}} vf(v) \mathrm{d}v$$

$$= [V_B(p_B) + (p_B - c_B) q_B(p_B) - V_B(c_B)] \int_{\underline{v}}^{\overline{v}} vf(v) \mathrm{d}v$$

令 $\Delta W = W^T - W^{NT}$，那么 ΔW 关于 p_B 的一阶导数为：

$$\partial \Delta W / \partial p_B = [V'_B(p_B) + q_B(p_B) + (p_B - c_B) q'_B(p_B)] \int_{\underline{v}}^{\overline{v}} vf(v) \mathrm{d}v$$

由罗伊等式可知：$V'_B(p_B) = -q_B(p_B)$。

因而有：$\partial \Delta W / \partial p_B = [(p_B - c_B) q'_B(p_B)] \int_{\underline{v}}^{\overline{v}} vf(v) \mathrm{d}v$。由 $q'_B(p_B) < 0$ 可得出 $\partial \Delta W / \partial p_B < 0$，即 ΔW 是关于 p_B 的减函数。当 $p_B = c_B$ 时，$\Delta W = 0$，因为对于所有 $p_B > c_B$ 有 $\Delta W < 0$，即 $W^T < W^{NT}$。命题得证。

（四）只服务于评价较高的消费者的策略选择

如果企业 1 只选择服务于评价高于 v^* 的消费者，在企业 1 的定价为 (p_A, p_B) 时，偏好为 v^* 的消费者在购买与不购买之间无差异，那么所有 $v \geqslant v^*$ 的消费者都会购买企业 1 的产品。边际消费者的偏好 v^* 是满足下式 v 的解：$w + vV_B(p_B) - p_A = 0$。因此，垄断产品的价格为：$p_A = w + v^* V_B(p_B)$。企业 1 的利润表示如下：

$$\pi = (w + v^* V_B(p_B) - c_A)[1 - F(v^*)] + (p_B - c_B) \int_{v^*}^{\overline{v}} q_B(p_B) vf(v) \mathrm{d}v$$

$$(3-31)$$

企业 1 利润最大化关于 p_B 的一阶条件为：

$$\partial \pi / \partial p_B = v^* V'_B(p_B)[1 - F(v^*)] + \int_{v^*}^{\overline{v}} q_B(p_B) vf(v) \mathrm{d}v +$$

$$(p_B - c_B) \int_{v^*}^{\overline{v}} q'_B(p_B) vf(v) \mathrm{d}v = 0 \qquad (3-32)$$

由式（3-32）可以看出，要满足 $p_B = c_B$ 的充要条件为：

$$-v^* V_B'(p_B)[1 - F(v^*)] = \int_{v^*}^{\bar{v}} q_B(p_B) v f(v) \, dv \qquad (3-33)$$

根据罗伊等式可知：$-V_B'(p_B) = q_B(p_B)$，

可得出：$v^* q_B(p_B) = q_B(p_B) \dfrac{\int_{v^*}^{\bar{v}} v f(v) \, dv}{1 - F(v^*)}$，即边际消费者的需求量等于边际

内消费者的平均需求量。因而，当 $q_B(p_B) \dfrac{\int_{v^*}^{\bar{v}} v f(v) \, dv}{1 - F(v^*)} > v^* q_B(p_B)$ 时，企业 1 搭

售可以获得比独立销售更高的利润。由以上分析可得到命题 3-5。

命题 3-5：当 $q_B(p_B) \dfrac{\int_{v^*}^{\bar{v}} v f(v) \, dv}{1 - F(v^*)} - v^* q_B(p_B) > 0$ 时，企业 1 搭售比独立销

售获利更多。也就是，当边际内消费者的平均需求量大于边际消费者的需求量

时，企业 1 搭售是有利可图的。这是垄断企业搭售的充分必要条件。

通过简单计算分析可知，在上述模型假定条件下，边际内消费者的平均需

求量大于边际消费者需求量的条件必然满足。因而，在垄断企业只服务评价高

于 v^* 的消费者的情况下，搭售策略占优于独立销售策略。

究其原因，当消费者偏好存在差异性，即对产品的需求强度不同时，搭售

可以作为一种区分不同需求强度消费者的方式，从而迫使需求强度较高的消费

者支付较高的费用，搭售的价格歧视效应使垄断企业可以榨取更多的消费者剩

余，从而增加利润。同时，垄断企业搭售可将基本品的垄断势力传递到竞争性

互补产品上，对互补产品以高于边际成本的价格定价。因此，在搭售可行且不

必为搭售承担额外成本时，垄断企业总是愿意采取搭售的销售策略。此时的搭

售，类似于一种根据消费者需求强度进行价格歧视的两部定价法 $T + pq$。其中，

垄断产品 A 的价格相当于两部定价中的固定费用 T，竞争性互补产品 B 的价格

相当于可变价格部分 p。当垄断企业独立销售产品时，其利润只包括从产品 A

中获得的垄断利润，即两部定价法中的固定价格部分。而在搭售产品时，垄断企业的利润既包括产品 A 的利润，也包括从产品 B 中获得的边际利润，搭售使垄断企业可以在更大程度上以可变价格获取剩余。

消费者剩余为：

$$CS^* = \int_{v^*}^{\bar{v}} [w + v V_B(p_B) - p_A] f(v) \, dv = \int_{v^*}^{\bar{v}} [v V_B(p_B) - v^* V_B(p_B)] f(v) \, dv$$

$$(3-34)$$

社会福利计算如下：

$$W^* = CS^* + \pi^*$$

$$= V_B(p_B) \int_{v^*}^{\bar{v}} (v - v^*) f(v) \, dv + (w + v^* V_B(p_B) - c_A)[1 - F(v^*)] +$$

$$(p_B - c_B) \int_{v^*}^{\bar{v}} q_B(p_B) v f(v) \, dv$$

$$(3-35)$$

基于以上分析我们提出命题 3-6。

命题 3-6：当企业 1 只服务偏好高于 v^* 的消费者时，搭售会降低社会福利。

证明：如果独立销售产品，则社会福利为 $W^{NT} = w + V_B(c_B) \int_{v^*}^{\bar{v}} v f(v) \, dv - c_A$。

为比较搭售的福利效应，做如下分析：

$$W^* - W^{NT} = V_B(p_B) \int_{v^*}^{\bar{v}} v f(v) \, dv + (p_B - c_B) \int_{v^*}^{\bar{v}} q_B(p_B) v f(v) \, dv - V_B(c_B) \int_{v^*}^{\bar{v}} v f(v) \, dv$$

$$= [V_B(p_B) + (p_B - c_B) q_B(p_B) - V_B(c_B)] \int_{v^*}^{\bar{v}} v f(v) \, dv$$

令 $\Delta W^* = W^* - W^{NT}$，那么 ΔW^* 关于 p_B 的一阶导数为：

$$\partial \Delta W^* / \partial p_B = [V_B'(p_B) + q_B(p_B) + (p_B - c_B) q_B'(p_B)] \int_{v^*}^{\bar{v}} v f(v) \, dv$$

$$= [(p_B - c_B) q_B'(p_B)] \int_{v^*}^{\bar{v}} v f(v) \, dv < 0$$

可以看出，ΔW^* 是关于 p_B 的减函数。当 $p_B = c_B$ 时，$\Delta W^* = 0$。当 $p_B > c_B$

时，则有 $\Delta W^* < 0$。可以得出 $W^* < W^{NT}$，命题得证。

总结上述研究我们发现，对于一般形式的拟线性偏好效用函数，如果垄断企业只服务一部分评价较高的消费者，在边际内消费者的平均需求量大于边际消费者的需求量时，搭售会获得比独立销售更高的利润，这源于搭售存在的杠杆效应和价格歧视效应的作用。垄断企业通过搭售可以更多地榨取边际内消费者的剩余，同时将垄断产品上的垄断势力传递到竞争性产品上，从而增加利润。研究还发现，搭售会降低社会福利。因此，禁止搭售行为会有效地改善社会福利。

五、柯达案例分析

最初，柯达（Kodak）能够为电脑技术公司（CSC）提供售后服务，费用为 20 万美元。同时，影像技术服务公司（ITS）也拥有柯达产品的零部件，因此也可以向 CSC 公司提供售后服务，而仅收取 15 万美元的费用。经过考虑，柯达最终规定禁止出售新产品的零部件，而且在每卖出一件新产品时对同时搭配的零部件进行严格管控。柯达开始调查零部件的销售，以确保客户没有购买超过实际需要的零部件，并要求购买方提供其拥有柯达设备的证明才可购买。柯达还特别规定购买复印机必须雇用柯达培训过的人员来维修，并要求客户保证不会将零部件转手出售。

1987 年 4 月，ITS 公司联同几家独立服务商（ISOs）公司对柯达提出诉讼，认为柯达利用其对零部件的垄断，控制复印机和缩印机的售后市场，并且与外部零部件供应商合谋阻碍 ISOs 获得零部件，构成了对售后市场的垄断，损害了售后市场的竞争。宣称这些行为都违反了《谢尔曼法》第 1 条、第 2 条的规定。

柯达起初申请即决判决（Summary Judgment，不经过陪审团审理），认为自己在设备销售市场上并没有垄断势力，如果在售后市场上追求高额利润，那么消费者在设备销售市场上就会买其他品牌的商品，因而自己不可能做到"利用设备销售市场上的垄断地位，来危害售后市场的竞争"。

　　但是法院最终驳回了柯达的申请，并认为需要经过陪审团审理，理由是，柯达认为"如果自己在售后服务市场上提价，那么会导致设备销售市场上的销售额下降"，但是这种情况实际不会发生，因为现实中的众多市场具有不完善性。

　　最终柯达案正式开庭，上诉方控告柯达垄断高速复印机与缩印机的售后市场，证据就是柯达限制这些产品零部件的出售政策。最终柯达被判定罚款7200万美元，并在10年内向ISOs公司出售非歧视性价格的零部件。

　　在柯达案中，复印机和缩印机等销售市场上的产品是一种耐用性极强的产品，因而对消费者来说是一个基本品，而售后服务市场上的零部件是销售市场产品的互补品。柯达限制零部件出售的政策以及规定必须由柯达公司提供售后服务的条款，实际上是把售后服务的购买权搭售在销售市场产品上，这种策略会排斥售后市场的竞争者，因而确有损害售后服务市场的竞争性。同时，这种搭售策略能够根据消费者对售后服务的使用强度不同而产生价格歧视效应，有损消费者的利益。从理论的分析可以看出，柯达的行为会损害社会福利，法院有理由禁止柯达的这一行为。

　　垄断企业对基本品拥有垄断势力，互补产品形成一个竞争性市场，垄断企业通过搭售可以获得比独立销售更高的利润。究其原因，当消费者偏好存在差异，即对产品的需求强度不同时，搭售可以作为一种区分不同需求强度消费者的方式，从而迫使需求强度较高的消费者支付较高的费用。垄断企业搭售可将基本品的垄断势力传递到竞争性互补产品上，对互补产品以高于边际成本的价格定价。因此，在搭售可行且不必为搭售承担额外成本时，垄断企业总是愿意搭售以增加利润。此时的搭售，类似于一种根据消费者需求强度进行价格歧视

的两部定价法 $T+pq$。其中，垄断产品 A 的价格相当于两部定价中的固定费用 T，产品 B 的价格相当于可变价格部分 p。当垄断企业独立销售时，其利润只来自产品 A，即固定价格部分，而在搭售时，利润既包括产品 A 的利润，也包括从产品 B 中获得的边际利润。搭售使垄断企业可以在更大程度上以可变价格获取剩余。

在 Motta（2004）的条件搭售模型中，消费者只有两种类型，即高类型和低类型。在这种情况下，如果垄断企业只服务于高类型的消费者，搭售就不存在价格歧视效应，垄断企业便没有搭售激励。在本章的模型中，消费者的偏好服从连续分布，因而即使服务一部分偏好较高的消费者，垄断企业仍有搭售以榨取消费者剩余的激励。因而，本章的研究结论比 Motta（2004）条件搭售模型的结论更具一般性。在 Mathewson 和 Winter（1997）独立产品条件搭售模型中，垄断企业搭售定价是拉姆齐定价（Ramsey Pricing），且在一定条件下，搭售定价是帕累托最优的，因而禁止搭售并不一定改善福利。本章的研究发现，搭售会降低社会福利。原因是搭售时垄断企业对竞争性产品以高于边际成本的价格定价，导致了配置的无效率。搭售增加企业利润，但是降低了消费者剩余，净效应是社会福利的降低。因此，对于此类市场上的搭售，反垄断当局有理由禁止以改善社会福利。

第四章　互补产品多需求条件下
搭售激励研究

第三章对互补产品搭售问题的研究假定消费者对基本品的需求是单位需求，而对互补产品的需求是多需求。在这个假定下，两种互补产品正好满足强互补关系。具体而言，产品 A 和产品 B 的需求函数分别表示为：$q_1(p_1, p_2)$，$q_2(p_1, p_2)$，如果需求函数可以写成 $q_2(p_1, p_2) = r(p_2) \cdot q_1(p_1, p_2)$ 的形式，我们就说这两种产品是强互补关系（Mathewson and Winter，1997）。在需求函数满足这个形式的情况下，产品 1 是基本品而产品 2 是互补品，由需求函数的关系式可以看出强互补关系意味着两产品需求的比例只与其中一种产品的价格有关。强互补关系是互补产品中较特殊的情况，而对搭售的结果也会产生根本性的影响，本章放宽强互补关系的假定条件，在多需求的条件下研究对一个产品拥有垄断势力的企业通过搭售竞争性互补产品能否获利的问题。从 Burstein（1960）的研究中我们知道，对独立产品而言，如果垄断企业可以实行价格歧视，那么在需求已知的情况下，搭售和两部定价可以达到同样的目的。而在 Mathewson 和 Winter（1997）的研究中我们知道，如果需求不确定，那么搭售可以获得比两部定价更高的利润，实现价格歧视效应。然而对于互补产品，如果垄断企业可以实行两部定价的歧视性策略，搭售是否还能够达到与两部定价相同的效果，或者搭售是否能够获得比两部定价更高的利润。本章研究多需求条件下互补产品搭售的激励，并且将搭售的均衡与两部定价的均衡相比较。研究发现，当消费者对搭售品的需求是多需求时，尽管搭售可以将一个产品的垄断势力传递到竞争性互补产品中，且可以实现对不同需求强度的消费者实行价格歧视，但搭售并不是垄断企业的占优策略，不能榨取所有消费者剩余。与两部定价相比，垄断企业总有一种优于搭售的定价策略。

一、模型基本设定

考虑两种互补产品 A 和产品 B，其中产品 A 只有企业 1 生产（可能因为专利权或者垄断了基本投入品等），产品 B 是一个竞争性产品。生产产品 A 和产品 B 的边际成本分别为 c_A 和 c_B，且有 $c_A<1$，$c_B<1$。为便于分析，假定产品 A 和产品 B 的生产都不需要承担固定成本。

消费者对产品 A 的需求为 q_A，对产品 B 的需求为 q_B。两种商品必须同时使用才有效用，分开消费这两种商品只能获得零效用。假定消费者是同质的，对系统 AB 的评价为 v，消费者总数设定为 1。后面的研究会放松这个假设条件，即在消费者异质的条件下分析搭售的经济效应。本章模型研究的博弈顺序如下：第一阶段，垄断企业选择是否将产品 A 和产品 B 搭售，若决定搭售，则要求购买产品 B 的消费者也必须从企业 1 购买产品 A，提供的搭售合约为 (T, p_A, p_B)。其中，T 为收取的固定费用，p_A 和 p_B 分别为产品 A 和产品 B 的边际价格。第二阶段，消费者在给定的搭售合约下选择购买产品 A 和产品 B 的数量为 q_A 和 q_B。假定每个消费者购买 q_A 单位产品 A 和 q_B 单位产品 B 所获得的效用为：

$$U=q_A+q_B-\frac{q_A^2+q_B^2-2bq_Aq_B}{2v} \tag{4-1}$$

其中，$0 \leqslant b < 1$。消费者选择购买 q_A 单位产品 A 和 q_B 单位产品 B 以最大化其净效用，因此，每个消费者的需求函数可由最大化净效用 $V = U - p_A q_A - p_B q_B$ 得出，即消费者最优化问题为：

$$\max_{q_A, q_B} U - p_A q_A - p_B q_B \tag{4-2}$$

消费者净效用最大化的一阶条件为：

$$\partial V / \partial q_A = 1 - \frac{q_A - b q_B}{v} - p_A = 0; \ \partial V / \partial q_B = 1 - \frac{q_B - b q_A}{v} - p_B = 0 。 \tag{4-3}$$

求解式（4-3）一阶条件方程组，得到消费者对产品 A 和产品 B 的需求分别为：

$$q_A = \frac{v [1 - p_A + b (1 - p_B)]}{1 - b^2}; \ q_B = \frac{v [1 - p_B + b (1 - p_A)]}{1 - b^2} \tag{4-4}$$

二、消费者同质条件下垄断企业的策略选择

这部分分别讨论消费者同质条件下企业 1 独立销售实行两部定价策略和实行搭售策略的均衡利润，并对社会福利结果进行比较分析。

（一）两部定价下的独立销售策略

如果企业 1 选择独立销售产品 A 和产品 B，通过两部定价的方式向消费者收费，那么此时消费者面对的价格选择为（T, p_A, p_B），这里 T 表示收取的固定费用，p_A 和 p_B 分别表示产品 A 和产品 B 的价格，是两部定价收费中的可变价格部分。

为保证所有的消费者都购买产品，企业 1 收取的固定费用需等于每个消费者的净剩余，从而满足所有消费者都会购买企业 1 产品的条件，同时获取所有

消费者剩余。因此，固定费用：

$$T = CS = \frac{v[2-(2-p_A)p_A+2b(1-p_A)(1-p_B)-(2-p_B)p_B]}{2(1-b^2)} \qquad (4-5)$$

产品 B 市场是一个竞争性市场，因而有 $p_B = c_B$。因为独立销售产品时产品 B 以边际成本定价，获得利润为零，所以企业 1 的利润只包括收取的固定费用 T 和从产品 A 中获得的边际利润。因此，企业 1 的利润为：

$$\pi^{NT} = CS + (p_A - c_A)\frac{v[1-p_A+b(1-c_B)]}{1-b^2}$$

$$= \frac{v[2-(2-p_A)p_A+2b(1-p_A)(1-c_B)-(2-c_B)c_B]}{2(1-b^2)} + (p_A - c_A)$$

$$\frac{v[1-p_A+b(1-c_B)]}{1-b^2} \qquad (4-6)$$

企业 1 选择价格 p_A 以最大化利润，因而企业 1 利润最大化的一阶条件可表示为：

$$\partial\pi/\partial p_A = \frac{v[p_A-1-b(1-c_B)]}{1-b^2} + \frac{v[1-p_A+b(1-c_B)]}{1-b^2} - (p_A-c_A)\frac{v}{1-b^2} = 0 \qquad (4-7)$$

求解式（4-7）可得：$p_A^{NT} = c_A$。

企业 1 的利润为：

$$\pi^{NT} = \frac{v[2-c_A(2-c_A)+2b(1-c_A)(1-c_B)-c_B(2-c_B)]}{2(1-b^2)} \qquad (4-8)$$

可以看出，在消费者同质的条件下，当企业 1 选择独立销售产品时，由于最优的两部定价下消费者剩余全部被垄断企业通过固定费用 T 榨取，因而两部定价下的社会福利等于垄断企业获得的利润，即 $W^{NT} = \pi^{NT}$。

（二）搭售策略

这部分笔者将考察垄断企业实施搭售策略的经济效应。若企业 1 不单独出售产品，而是将产品 A 和产品 B 搭售，要求购买产品 A 的消费者必须同时从企业 1 购买产品 B，并且假定企业 1 能够监控消费者的购买行为，从而能够阻止消费者在购买产品 A 和一点产品 B 后转而从竞争性企业那里以完全竞争价格购买产品 B。给定企业 1 的价格组合 (p_A, p_B)，如果此价格组合满足所有消费者都购买搭售品的个人理性约束条件，那么企业 1 的利润函数表示如下：

$$\pi = (p_A - c_A) \frac{v[1 - p_A + b(1 - p_B)]}{1 - b^2} + (p_B - c_B) \frac{v[1 - p_B + b(1 - p_A)]}{1 - b^2} \qquad (4-9)$$

企业 1 选择价格 p_A 和 p_B 最大化其利润，利润最大化的一阶条件为：

$$\partial \pi / \partial p_A = \frac{v[1 - p_A + b(1 - p_B)]}{1 - b^2} - (p_A - c_A) \frac{v}{1 - b^2} - (p_B - c_B) \frac{vb}{1 - b^2} = 0 \qquad (4-10)$$

$$\partial \pi / \partial p_B = \frac{v[1 - p_B + b(1 - p_A)]}{1 - b^2} - (p_B - c_B) \frac{v}{1 - b^2} - (p_A - c_A) \frac{vb}{1 - b^2} = 0 \qquad (4-11)$$

求解以上一阶条件方程组，可得均衡价格为：

$$p_A^T = \frac{1 + c_A}{2}, \quad p_B^t = \frac{1 + c_B}{2} \qquad (4-12)$$

计算出企业 1 搭售的利润为：

$$\pi^T = \frac{v[2 - (2 - c_A)c_A + 2b(1 - c_A)(1 - c_B) - c_B(2 - c_B)]}{4(1 - b^2)} \qquad (4-13)$$

消费者剩余为：

$$CS^T = \frac{v[2 - (2 - c_A)c_A + 2b(1 - c_A)(1 - c_B) - c_B(2 - c_B)]}{8(1 - b^2)} \qquad (4-14)$$

社会总福利为：

$$W^T = \frac{3v[2 - (2 - c_A)c_A + 2b(1 - c_A)(1 - c_B) - (2 - c_B)c_B]}{8(1 - b^2)} \qquad (4-15)$$

（三）均衡比较

通过比较独立销售和搭售的利润和社会福利，很容易看出：$\pi^T < \pi^{NT}$，$w^T < w^{NT}$，因而得出以下命题。

命题4-1：当消费者同质时，对一个产品拥有垄断势力的企业通过搭售互补产品并不有利可图，且搭售会降低社会福利。

在本部分的模型假设条件下，垄断企业搭售会降低利润，同时会降低社会福利。究其原因，在消费者同质的情况下，无法通过搭售实现价格歧视效应，而搭售的杠杆效应提高了竞争性产品的价格，由于价格超过了消费者对产品系统的评价，因此需求大幅降低，这样便减少了原本在独立销售产品时可以从垄断产品中获得的垄断利润。此外，搭售引致的这种定价的无效率降低了社会福利。

三、消费者异质条件下垄断企业的策略选择

这一部分的研究放松以上对消费者同质的假定，而在消费者异质的条件下分析垄断企业的搭售激励。这里将根据消费者需求强度的不同把消费者分为两种类型：低类型和高类型，消费者总数仍然设定为1。假定低类型（l型）的消费者需求强度较低，对系统的评价为 v_l，占消费者总数的比例为 λ；而高类型（h型）的消费者需求强度较高，对系统的评价为 $v_h(v_l<v_h)$，占消费者总数的比例为 $1-\lambda$。$i(i=l,\ h)$ 类型的消费者购买 q_A 单位产品 A 和 q_B 单位产品 B 所获得的效用为：$U_i = q_{Ai} + q_{Bi} - \dfrac{q_{Ai}^2 + q_{Bi}^2 - 2bq_{Ai}q_{Bi}}{2v_i}$，其中 $0 \leq b < 1$。给定企业 1 的价格组合 $(p_A,\ p_B)$，消费者选择购买 q_A 单位产品 A 和 q_B 单位产品 B 以最大化其净效用，因此，i 类消费者的需求函数可由最大化净效用 $V_i = U_i - p_A q_{Ai} - p_B q_{Bi}$ 得出，即消费者 i 的最优化问题为：

$$\max_{q_{Ai}, q_{Bi}} U_i - p_A q_{Ai} - p_B q_{Bi} \tag{4-16}$$

消费者净效用最大化的一阶条件为：

$$\partial V_i / \partial q_{Ai} = 1 - \frac{q_{Ai} - b q_{Bi}}{v_i} - p_A = 0; \quad \partial V_i / \partial q_{Bi} = 1 - \frac{q_{Bi} - b q_{Ai}}{v_i} - p_B = 0 \tag{4-17}$$

由式（4-17）一阶条件方程组，得到 i 类型消费者对产品 A 和产品 B 的需求分别为：

$$q_{Ai} = \frac{v_i \left[1 - p_A + b(1 - p_B) \right]}{1 - b^2}; \quad q_{Bi} = \frac{v_i \left[1 - p_B + b(1 - p_A) \right]}{1 - b^2} \tag{4-18}$$

（一）两部定价下的独立销售策略

这一部分研究企业 1 通过两部定价的方式向消费者收费的策略，此时消费者面对的价格选择仍然假定为（T，p_A，p_B）。

1. 所有消费者都购买的两部定价策略

为保证 h 类型和 l 类型的消费者都购买产品，企业 1 收取的固定费用需等于 l 类型消费者的净剩余，从而获取所有 l 类型的消费者剩余，h 类型消费者则能够保有正的剩余。因此，固定费用为：

$$T = CS_l = \frac{v_l \left[2 - (2 - p_A) p_A + 2b(1 - p_A)(1 - p_B) - (2 - p_B) p_B \right]}{2(1 - b^2)} \tag{4-19}$$

由于产品 B 市场是一个竞争性市场，因而有 $p_B = c_B$。因为独立销售时产品 B 以边际成本定价，获得利润为零，所以企业 1 的利润只包括收取的固定费用 T 和从产品 A 中获得的利润。因此，企业 1 的利润为：

$$\pi^{NT} = CS_l + (p_A - c_A) \left[\lambda q_{Al} + (1 - \lambda) q_{Ah} \right] \tag{4-20}$$

企业 1 选择价格 p_A 以最大化利润，由企业 1 利润最大化的一阶条件 $\partial \pi^{NT} / \partial p_A = 0$ 可得垄断企业对 A 产品的最优定价为：

$$p_A^{NT} = \frac{v_l \left[1 + b(1 - \lambda)(1 - c_B) - \lambda(1 + c_A) \right] - (1 - \lambda) v_h \left[1 + b(1 - c_B) + c_A \right]}{v_l(1 - 2\lambda) - 2 v_h(1 - \lambda)} \tag{4-21}$$

基于以上分析提出命题 4-2。

命题 4-2：如果垄断企业向所有消费者提供产品，那么有 $p_A > c_A$。此时，存在过高价格加成带来的无效率。

证明：当 $\lambda=1$ 时，$p_A=c_A$；

当 $\lambda=0$ 时，$p_A=\dfrac{v_l(1+b(1-c_B))-v_h(1+b(1-c_B)+c_A)}{v_l-2v_h}>c_A$。

由 $\partial p_A/\partial\lambda=\dfrac{v_l(v_h-v_l)[c_A-1+b(c_B-1)]}{[2v_h(\lambda-1)+v_l(1-2\lambda)]^2}<0$，可知 p_A 是关于 λ 的减函数，由此得出当 $0<\lambda<1$ 时，有 $p_A>c_A$。

2. 只服务高类型消费者的两部定价策略

如果企业 1 只服务 h 类型的消费者，而不愿意服务 l 类型的消费者，那么将制定一种能够从 h 类型消费者那里攫取全部剩余的价格。在这种情况下，企业 1 收取的固定费用为 h 类型消费者的净剩余，可以看出，此时消费者总剩余为零。因此，固定费用为：

$$T=CS_h=\frac{v_h[2-(2-p_A)p_A+2b(1-p_A)(1-c_B)-(2-c_B)c_B]}{2(1-b^2)} \tag{4-22}$$

企业 1 的利润为：

$$\pi^{NTh}=(1-\lambda)CS^h+(p_A-c_A)\frac{(1-\lambda)v_h[1-p_A+b(1-c_B)]}{1-b^2} \tag{4-23}$$

企业 1 选择价格 p_A 以最大化利润，由企业 1 利润最大化的一阶条件 $\partial\pi/\partial p_A=0$ 可得出：$p_A^{NTh}=c_A$。因而有以下命题：

命题 4-3：如果企业 1 只服务 h 类型消费者，则有 $p_A^{NTh}=c_A$。

当企业 1 向所有消费者提供产品时，l 类型消费者获得零剩余，h 类型消费者获得正的剩余，企业对产品 A 的定价 $p_A>c_A$。当企业 1 只向 h 类型消费者提供产品时，所有消费者都获得零剩余，企业对产品 A 的定价为 $p_A=c_A$。由以上结论可以看出，无论企业 1 服务于所有消费者还是只服务于 h 类型消费者，l 类型消费者的净剩余都为零，而 h 类型消费者在企业 1 向所有消费者提供产品时可以获得正的剩余。因此，对 h 类型消费者来说，企业 1 向整个市场提供产品对其更有利，但对企业 1 来说则面临着固定费用与利润边际之间的权衡。如果向所有消费者提供产品，只能收取等于 l 类型消费者净剩余的较低的固定费用，但可以制定

高于边际成本 c_A 的可变价格，即 $p_A > c_A$，获得大于零的边际利润；如果只向需求强度较大的 h 类型消费者提供产品，可以收取等于 h 类型消费者净剩余的较高的固定费用，但是可变价格只能以边际成本定价，即 $p_A = c_A$，获得的边际利润为零。企业 1 向所有消费者提供产品时的消费者剩余大于只服务于 h 类型消费者时的消费者剩余，但是企业利润的变化则与两类消费者所占的相对比例有关。

3. 均衡比较

为避免烦琐的计算，便于比较，这里假定 $c_A = c_B = 0$，$v_l = 1$，$v_h = 2$。可以很容易地计算出：当向所有消费者提供产品时，企业 1 的利润 $\pi^{NT} = \dfrac{7 + b(1-\lambda)^2 - \lambda(6-\lambda)}{2(1-b)(3-2\lambda)}$，$l$ 类型的消费者剩余为零，h 类型消费者剩余为：

$$CS_h = \frac{13 - \lambda(16-5\lambda) - b(1-\lambda)(5-3\lambda)}{2(1-b)(3-2\lambda)^2}。$$

社会福利为：$W^{NT} = \dfrac{(2-\lambda)\left[17 - b(1-\lambda)^2 - \lambda(22-7\lambda)\right]}{2(1-b)(3-2\lambda)^2}$。

当企业 1 只服务 h 类型消费者时，企业 1 的利润 $\pi^{NTh} = \dfrac{2(1-\lambda)}{1-b}$，$l$ 类型和 h 类型消费者的净剩余都为零，社会福利 $W^{NTh} = \pi^{NTh}$。当 $\pi^{NT} > \pi^{NTh}$ 时，企业 1 向所有消费者提供产品更有利。而且，l 类型消费者所占的比例越大，$\pi^{NT} > \pi^{NTh}$ 的可能性越大，即如果 $\lambda > 1 - \sqrt{\dfrac{2}{7-b}}$，企业 1 向所有消费者提供产品更有利。当企业 1 向所有消费者提供产品时，与只服务于 h 类型消费者相比，社会福利的变化为：$\Delta W = W^{NT} - W^{NTh} = \dfrac{(9+b)\lambda^3 - (28+4b)\lambda^2 + (23+5b)\lambda - 2(1+b)}{2(1-b)(3-2\lambda)^2}$。比较均衡结果如图 4-1 所示。

从图 4-1 中可以清晰地看出，当 λ 较小时，即需求强度较低的 l 类型消费者所占的比例很小的情况下，企业 1 只向 h 类型消费者提供产品时的社会福利高于向所有消费者提供产品时的社会福利。与向所有消费者提供产品相比，当 λ 较小时，企业 1 只服务于 h 类型消费者增加的利润高于消费者剩余的减少，

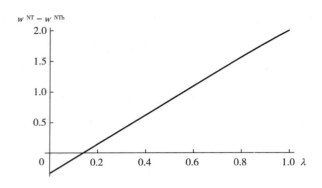

图 4-1　两部定价下社会福利变化

总效应是社会总福利增加；当 λ 较大时，企业 1 只服务于 h 类型消费者增加的利润低于消费者剩余的减少，总效应是社会总福利降低；当 λ 充分大即 $\lambda > 1 - \sqrt{\dfrac{2}{7-b}}$ 时，此时企业 1 只服务于 h 类型消费者的利润小于向所有消费者提供产品所获得的利润，加之消费者剩余的减少，总效应是社会福利大大降低。可得到命题 4-4。

命题 4-4：给定 $0 \leqslant b < 1$，存在一个 λ^* 使 $W^{NT} = W^{NTh}$。当 $0 < \lambda < \lambda^*$ 时，$\pi^{NT} < \pi^{NTh}$，$W^{NT} < W^{NTh}$；当 $\lambda^* < \lambda < 1 - \sqrt{\dfrac{2}{7-b}}$ 时，$\pi^{NT} < \pi^{NTh}$，$W^{NT} > W^{NTh}$；当 $\lambda > 1 - \sqrt{\dfrac{2}{7-b}}$ 时，$\pi^{NT} > \pi^{NTh}$，$W^{NT} > W^{NTh}$。

（二）消费者异质条件下垄断企业的搭售策略

这部分笔者考察消费者异质条件下搭售的经济效应，即企业 1 将产品 A 和产品 B 搭售，要求买产品 A 的消费者必须同时从企业 1 购买产品 B。

1. 两类消费者都购买搭售品

企业 1 将互补产品 A 和产品 B 搭售，并向所有消费者提供搭售品时，给定企业 1 的价格组合 (p_A, p_B)，此价格组合下 l 类型的消费者净剩余非负时即满足所有消费者都购买搭售品的个人理性约束条件。此时，企业 1 的利润函数如下：

$$\pi^T = (p_A - c_A)\left\{\frac{\lambda v_l[1 - p_A + b(1 - p_B)]}{1 - b^2} + \frac{(1 - \lambda)v_h[1 - p_A + b(1 - p_B)]}{1 - b^2}\right\} +$$

$$(p_B - c_B)\left\{\frac{\lambda v_l[1 - p_B + b(1 - p_A)]}{1 - b^2} + \frac{(1 - \lambda)v_h[1 - p_B + b(1 - p_A)]}{1 - b^2}\right\} \quad (4\text{-}24)$$

求解企业 1 利润最大化的一阶条件方程组：$\partial\pi/\partial p_A = 0$；$\partial\pi/\partial p_B = 0$，我们可以得到均衡价格为：

$$p_A^T = \frac{1 + c_A}{2}, \quad p_B^T = \frac{1 + c_B}{2} \quad (4\text{-}25)$$

企业 1 搭售的利润为：

$$\pi^T = \frac{[(1 - c_A)^2 + (1 - c_B)^2 + 2b(1 - c_A)(1 - c_B)][\lambda v_l + (1 - \lambda)v_h]}{4(1 - b^2)} \quad (4\text{-}26)$$

基于以上分析提出命题 4-5。

命题 4-5：企业 1 选择搭售，则有 $p_A^T > c_A$，$p_B^T > c_B$，即企业 1 的搭售策略能将产品 A 的垄断势力传递到产品 B 上。此时两种类型的消费者净剩余均大于零。

证明：i 类型消费者的净剩余为：

$$CS_i = \frac{v_i[2 - (2 - p_A)p_A + 2b(1 - p_A)(1 - p_B) - (2 - p_B)p_B]}{2(1 - b^2)}$$

要证明 $CS_i > 0$，即证明 $2 - (2 - p_A)p_A + 2b(1 - p_A)(1 - p_B) - (2 - p_B)p_B > 0$。

将 $p_A^T = \frac{1 + c_A}{2}$，$p_B^T = \frac{1 + c_B}{2}$ 代入不等式有：$2 + 2b\left(1 - \frac{1 + c_A}{2}\right)\left(1 - \frac{1 + c_B}{2}\right) - \frac{1 + c_A}{2}$

$\left(2 - \frac{1 + c_A}{2}\right) - \frac{1 + c_B}{2}\left(2 - \frac{1 + c_B}{2}\right) > 0$，化简后得到 $\frac{b}{2}c_A c_B + \frac{c_A^2}{4} + \frac{c_B^2}{4} - \frac{1}{2}(1 + b)(c_A + c_B -$

$1) > 0$。

令 $f(b) = \frac{b}{2}c_A c_B + \frac{c_A^2}{4} + \frac{c_B^2}{4} - \frac{1}{2}(1 + b)(c_A + c_B - 1)$，由 $\partial f/\partial b = \frac{1}{2}(c_A - 1)(c_B - 1) > 0$

可知：$f(b)$ 是关于 b 的增函数，若 $b = 0$ 满足 $f(b) > 0$，那么所有 $0 \leqslant b < 1$ 都满足

$f(b)>0$。

$$f(0)=\frac{c_A^2}{4}+\frac{c_B^2}{4}-\frac{1}{2}(c_A+c_B-1)\geqslant\frac{1}{2}c_Ac_B-\frac{1}{2}(c_A+c_B-1)=\frac{1}{2}(c_A-1)(c_B-1)>0,$$

命题得证。

通过计算可以得出消费者剩余为：

$$CS^T=\frac{[\lambda v_l+(1-\lambda)v_h][2-(2-c_A)c_A+2b(1-c_A)(1-c_B)-(2-c_B)c_B]}{8(1-b^2)}\qquad(4-27)$$

社会福利为：

$$W^T=\frac{3[(1-c_A)^2+(1-c_B)^2+2b(1-c_A)(1-c_B)][\lambda v_l+(1-\lambda)v_h]}{8(1-b^2)}\qquad(4-28)$$

2. 只服务高类型消费者

如果企业 1 只向 h 类型消费者提供产品，给定企业 1 的价格组合（p_A，p_B），l 类型消费者若购买搭售品，净效用为负，所以不会购买搭售品。而 h 类型消费者购买搭售品的净效用非负，因而满足只有 h 类型消费者购买搭售品的个人理性约束条件。此时企业 1 的利润表示如下：

$$\pi^{Th}=(p_A-c_A)\frac{(1-\lambda)v_h[1-p_A+b(1-p_B)]}{1-b^2}+(p_B-c_B)\frac{(1-\lambda)v_h[1-p_B+b(1-p_A)]}{1-b^2}$$

$$(4-29)$$

求解企业 1 利润最大化的一阶条件方程组：$\partial\pi/\partial p_A=0$；$\partial\pi/\partial p_B=0$，可得均衡价格为：

$$p_A^{Th}=\frac{1+c_A}{2},\quad p_B^{Th}=\frac{1+c_B}{2}\qquad(4-30)$$

企业 1 的利润：

$$\pi^{Th}=\frac{(1-\lambda)v_h[2-c_A(2-c_A)+2b(1-c_A)(1-c_B)-c_B(2-c_B)]}{4(1-b^2)}\qquad(4-31)$$

由式（4-30）可以看出，企业 1 搭售时向所有消费者提供产品与只向 h 类型消费者提供产品的价格是相等的，而向所有消费者提供产品的需求大于只

向 h 类型消费者提供产品的需求，因此，如果企业 1 选择搭售，则有 $\pi^T > \pi^{Th}$，即搭售时向所有消费者提供产品所获得的利润大于只服务于 h 类型消费者所获得的利润，因而可以推断，若企业 1 搭售将服务整个市场。

（三）最优策略选择

通过以上分析分别得出了企业 1 独立销售采取两部定价方式和搭售定价的均衡结果，下面考虑企业 1 的最优定价策略选择。企业 1 的策略集为$\{$两部定价并服务于所有消费者（NT），两部定价只服务 h 类型消费者（NTh），搭售并服务于所有消费者（T），搭售只服务 h 类型消费者（Th）$\}$。已证明企业搭售定价时向所有消费者出售产品所获利润大于只服务于 h 类型消费者所获得的利润，因而可以剔除搭售只服务 h 类型消费者的策略（Th）。

仍然假定 $c_A = c_B = 0$，$v_l = 1$，$v_h = 2$，通过计算可知，当 $0 < \lambda < 1$ 时：$\pi^{NT} = \dfrac{7 + b(1-\lambda)^2 - \lambda(6-\lambda)}{2(1-b)(3-2\lambda)}$，$\pi^{NTh} = \dfrac{2(1-\lambda)}{1-b}$，$\pi^T = \dfrac{2-\lambda}{2(1-b)}$。通过比较三个策略下的利润大小，得出：当 $0 < \lambda < 1 - \sqrt{\dfrac{2}{7-b}}$ 时，$\pi^{NT} < \pi^{NTh}$；当 $1 - \sqrt{\dfrac{2}{7-b}} < \lambda < 1$ 时，$\pi^{NT} > \pi^{NTh}$。当 $0 < \lambda < 1$ 时，$\pi^T < \pi^{NT}$。当 $0 < \lambda < \dfrac{2}{3}$ 时，$\pi^T < \pi^{NTh}$；当 $\dfrac{2}{3} < \lambda < 1$ 时，$\pi^T > \pi^{NTh}$。分析可得出以下命题：

命题 4-6：当 $0 < \lambda < 1 - \sqrt{\dfrac{2}{7-b}}$ 时，$\pi^T < \pi^{NT} < \pi^{NTh}$，企业 1 最优的策略是独立销售实行两部定价并只服务于 h 类型消费者；当 $1 - \sqrt{\dfrac{2}{7-b}} < \lambda < \dfrac{2}{3}$ 时，$\pi^T < \pi^{NTh} < \pi^{NT}$，企业 1 最优的策略是独立销售实行两部定价并向所有消费者提供产品；当 $\dfrac{2}{3} < \lambda < 1$ 时，$\pi^{NTh} < \pi^T < \pi^{NT}$，企业 1 最优的策略是独立销售实行两部定价并向所有消费者提供产品。

λ 的不同取值空间与企业 1 策略选择关系如图 4-2 所示。

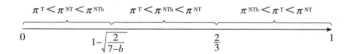

图 4-2　*l* 类型消费者所占比例与企业策略选择关系

通过上述分析可以看出，当消费者异质且对垄断品和互补产品都为多需求时，企业搭售虽然可以将一个产品上的垄断势力传递到另一个竞争性互补产品上，但是企业搭售并不能榨取所有消费者剩余，不一定比独立销售获得的利润更多。当 λ 较小时，即 *l* 类型消费者所占的比例很小时，企业 1 独立销售实行两部定价且只服务 *h* 类型消费者所获利润最大，此时企业主要通过固定费用来榨取所有 *h* 类型消费者的剩余。当 λ 相对较大时，即 *l* 类型消费者所占的比例较大时，企业 1 独立销售实行两部定价并向所有消费者提供产品更有利，此时企业通过固定费用榨取所有 *l* 类型消费者的净剩余，然后对产品 A 制定高于边际成本的均衡价格，从而获得正的边际利润。当 λ 很大时，即 *l* 类型消费者占消费者总人数的比例很大，企业 1 实行搭售将产品 A 上的垄断势力传递到产品 B 上能获得比独立销售且只服务于 *h* 类型消费者更多的利润，但是搭售的利润仍然低于独立销售并服务所有消费者时的利润。因此，在消费者异质且对产品为非单位需求的情况下，如果服务所有消费者，企业搭售劣于独立销售的两部定价策略。

四、算例分析

将参数数值化能更清晰、直观地看出本章的基本结论。仍然假定 $c_A = c_B = 0$，$v_l = 1$，$v_h = 2$。为便于计算，令 $b = 0$，通过 λ 的变化来分析企业 1 的最优策略选择。下面分别求解 $\lambda=\dfrac{1}{4}$，$\lambda=\dfrac{1}{2}$，$\lambda=\dfrac{3}{4}$ 时相应的均衡利润，分析企业最优的策略选择。

当 $\lambda=\dfrac{1}{4}$ 时，此时 $\lambda\in\left(0,\ 1-\sqrt{\dfrac{2}{7}}\right)$，代入可解出三种策略下的均衡利润分别为：$\pi^{NT}=\dfrac{89}{80}$，$\pi^{NTh}=\dfrac{3}{2}$，$\pi^{T}=\dfrac{7}{8}$，比较可知 $\pi^{T}<\pi^{NT}<\pi^{NTh}$。

当 $\lambda=\dfrac{1}{2}$ 时，此时 $\lambda\in\left(1-\sqrt{\dfrac{2}{7}},\ \dfrac{2}{3}\right)$，代入可解出三种策略下的均衡利润分别为：$\pi^{NT}=\dfrac{17}{16}$，$\pi^{NTh}=1$，$\pi^{T}=\dfrac{3}{4}$，比较可知 $\pi^{T}<\pi^{NTh}<\pi^{NT}$。

当 $\lambda=\dfrac{3}{4}$ 时，此时 $\lambda\in\left(\dfrac{2}{3},\ 1\right)$，代入可解出三种策略下的均衡利润分别为：$\pi^{NT}=\dfrac{49}{48}$，$\pi^{NTh}=\dfrac{1}{2}$，$\pi^{T}=\dfrac{5}{8}$，比较可知 $\pi^{NTh}<\pi^{T}<\pi^{NT}$。

当 λ 分别取值 $\dfrac{1}{4}$，$\dfrac{1}{2}$，$\dfrac{3}{4}$ 时，相应的结果归纳如表 4-1 所示。

表 4-1　λ 取值范围与企业策略选择关系

λ （低类型消费者所占比例）	$\lambda=\dfrac{1}{4}\in\left(0,\ 1-\sqrt{\dfrac{2}{7}}\right)$	$\lambda=\dfrac{1}{2}\in\left(1-\sqrt{\dfrac{2}{7}},\ \dfrac{2}{3}\right)$	$\lambda=\dfrac{3}{4}\in\left(\dfrac{2}{3},\ 1\right)$
π^{NT}	$\dfrac{89}{80}$	$\dfrac{17}{16}$	$\dfrac{49}{48}$
π^{NTh}	$\dfrac{3}{2}$	1	$\dfrac{1}{2}$
π^{T}	$\dfrac{7}{8}$	$\dfrac{3}{4}$	$\dfrac{5}{8}$
利润比较	$\pi^{T}<\pi^{NT}<\pi^{NTh}$	$\pi^{T}<\pi^{NTh}<\pi^{NT}$	$\pi^{NTh}<\pi^{T}<\pi^{NT}$

由表 4-1 可以看出，无论 λ 取值较大还是较小，总是有 $\pi^{T}<\pi^{NT}$，因此，消费者异质且对 A 产品为多需求时，搭售不能成为企业 1 的占优策略。即使企

业 1 能够通过搭售将产品 A 上的垄断势力通过杠杆效应传递到产品 B 上，也不能榨取所有消费者剩余。而通过两部定价，或者服务所有消费者，或者只服务 h 类型的消费者，总是能够获得比搭售更高的利润。

搭售有损于社会福利的两个可能的原因是搭售具有杠杆效应和价格歧视效应，这也是企业实行搭售的根本动因。然而，搭售是否会使垄断企业获得更多利润，对此并没有一致性的结论，这取决于产品之间的关系以及消费者的需求特性。对于独立产品而言，垄断企业搭售总是可以获利，并且在需求确定的条件下，搭售和两部定价可以达到同样的效果。当消费者异质时，搭售可以作为一种价格歧视手段，迫使需求强度较高的消费者支付较高的价格。本章研究对一个产品拥有垄断势力的企业通过搭售竞争性互补产品能否获利的问题。研究发现，在消费者对垄断产品和竞争性互补产品都是非单位需求的条件下，无论消费者是同质还是异质，搭售都能将产品 A 上的垄断势力传递到产品 B 上，搭售具有杠杆效应。但是，与两部定价法的歧视性定价相比，搭售并不是垄断企业的占优策略。通过两部定价的方式，或者服务所有消费者，或者只服务高类型消费者，总是可以获得比搭售更高的利润。

第五章　两期市场搭售激励研究

我们知道，如果消费者对产品的评价与消费者使用产品的强度正相关，那么企业通过两部定价法可以获取更多的消费者剩余。企业可以对高评价消费者收取高价，对低评价消费者收取低价。当消费者偏好不同或需求不确定时，企业通过两部定价法并不能获得所有的消费者剩余，此时，通过搭售可以榨取所有消费者剩余，增加利润。本章正是在垄断企业面临两期市场间产品价格独立而需求随机相关局面的情况下，研究垄断企业通过搭售以获利的激励。

Burstein（1960）首先研究了独立产品搭售可以获利的情况。研究表明，搭售是有利可图的，但是其研究局限于企业只能进行统一定价而不能进行两部定价且消费者需求是可知的情况。在实践中，我们看到搭售和两部定价共同使用的情况，说明两部定价不能抽取所有消费者剩余，必须发展另外的框架解释搭售。Mathewson 和 Winter（1997）在 Burstein 分析的基础上，进一步解释了垄断企业搭售的激励。其研究说明：当消费者需求不确定时，两部定价不能获取所有消费者剩余，此时，通过搭售可攫取所有消费者剩余，获得更多利润。本章运用 Mathewson 和 Winter（1997）的研究方法，研究在第一期市场上拥有专利权从而成为某产品生产的垄断商，在第二期市场上专利到期因而面临竞争时的搭售激励以及搭售的经济效应。我们假定两期市场的产品需求是随机相关的，因而，垄断企业通过搭售可以将其在第一期市场上拥有的专利权延长至第二期市场，从而在两期市场上均获得垄断利润。本章研究发现：在统一定价的条件下，垄断企业搭售是有利的。在两部定价的条件下，当消费者两期偏好参数满足一定条件时，垄断企业搭售比只在第一期市场上出售产品更有利。同时，在特定条件下，搭售是帕累托最优的。此时，禁止企业搭售并不能提高社会福利。大部分文献研究的搭售问题是企业只在一期市场存在，而事实上企业往往会面临多期市场的竞争。

本章内容的结构安排如下：第一部分为本章模型的基本假设与模型构建；第二部分分析统一定价条件下搭售的效应；第三部分研究两部定价条件下搭售有利可图的条件；第四部分为本章的总结。

一、基本模型设定

本章采用一个两期模型：第一期，企业1有项专利权，该专利权使企业1成为市场上的垄断企业，因而给企业带来了垄断利润，此专利权在第一期结束后到期；第二期，垄断企业将面临更有效率的企业与之进行价格竞争，若市场竞争发生，则竞争结果为产品价格等于垄断企业的边际成本，从而使垄断企业第二期销售利润为零。垄断企业在第一期销售时可以与消费者签订两种销售合约：短期购买合约和长期购买合约。就短期购买合约而言，消费者在第一期支付垄断企业制定的垄断价格，在第二期，消费者可以以竞争性价格从竞争者那里购买产品。就长期购买合约而言，该合约制定的违约成本足够大，以使消费者在第二期仍然履约从垄断企业处购买产品，在这个长期购买合约下消费者被迫两期都从垄断企业处购买产品。垄断企业提供的这种长期排他性合同，将第二期的购买权与第一期的购买权搭售，能够使垄断企业在第二期仍然处于垄断地位，实际上使垄断企业延长了其专利保护期。通过分析证明，垄断企业这种通过长期排他合同延长专利保护期的行为是帕累托最优的。因此，从整个社会福利的角度来看，这种排他性合同并不是反竞争的。

本章构建一个两期博弈模型，具体博弈顺序及模型假定如下：第一期，企业1因专利权而对产品A拥有垄断势力，垄断企业生产产品A的边际成本为 c_1。我们假定垄断企业在第一期已经进入市场，不考虑进入费用，生产亦没有固定成本。同时，这里不考虑企业1为取得专利权而进行的投资。第二期，企业1的专利权终止，此时市场有另一个竞争者企业2提供与产品A具有完全替代性的产品B，因而第二期产品市场变成一个双寡头市场。企业2生产的边际成本为 c_2，假定 $c_2 < c_1$，即企业2的生产具有成本优势。现假定企业2进入市场的决策是外生给定的，即企业2进入市场没有进入费用。企业2在第二期将与企业1进行价格竞争，企业1在第二期所获利润的贴现因子为 δ，$0 < \delta < 1$。

消费者在第一期的决策为是否购买企业1提供的产品A，在第二期的决策为选择企业1的产品A或者选择企业2的产品B或者都不选择。每个消费者在两期具有相同的、可分离的拟线性偏好，可用一个可加性效用函数 $U_{i1}(Q_{i1}) + \delta U_{i2}(Q_{i2}) + e$ 来表示，$i = A$，B，其中 Q_{i1} 表示消费者在第一期对产品 i 的需求，Q_{i2} 表示消费者在第二期对产品 i 的需求，e 表示消费者在两期中消费产品A和产品B之外的支出。由消费者的直接效用函数可得到以两期价格决定的间接效用函数为 $V_{i1}(p_{i1}) + \delta V_{i2}(p_{i2}) + e$，需求函数用 $q_{ij}(p_{ij})$ 来表示，$i = A$，B；$j = 1$，2。

假定需求函数是可微的，由罗伊等式可知需求函数满足：$q_{ij}(p_{ij}) = -\partial V_{ij}/\partial p_{ij}$。

二、统一定价下的搭售合约

已有研究证明：当两种产品的需求独立，并且第二种产品在竞争性市场上可以买到时，垄断企业通过把第二种产品搭售到垄断产品上进行销售可以盈利。同理，笔者认为，当同一种产品的两期需求独立，并且第二期产品面临竞争时，垄断企业把第二期的产品购买权搭售到第一期产品购买权上可以获得更多的利润。下面笔者通过一个简单的两期模型来分析这个问题，此外，这里的分析还突出了在统一定价下搭售的三个重要特征：

（1）搭售手段的使用实现了 Ramsey 定价，达到社会次优的结果。

（2）本章的模型解释了搭售的"杠杆理论"，即通过搭售可以将一个市场上的垄断势力传递到另一个竞争性的市场上，最终垄断企业在两个市场上都获得垄断利润。

（3）本章模型刻画了在统一定价下使用搭售可盈利时的消费者偏好特征。

如果企业 1 对两期消费者不能实行价格歧视，只能统一定价，那么企业 1 在两期的决策变量为 (p_{A1}, p_{A2})。基于上述模型的基本假定，我们可以得出：当 $p_{A2} > c_1$ 时，垄断企业提供搭售合约，此时称企业 1 的策略为搭售策略；当 $p_{A2} = c_1$ 时，企业 1 的收益等于在没有搭售时只在第一期销售产品 A 的收益，此时称企业 1 的策略为非搭售策略；当 $p_{A2} < c_1$ 时，企业 1 不提供搭售合约，此时称企业 1 的策略为补贴策略。企业 1 若想要消费者接受一个两期定价合约 (p_{A1}, p_{A2})，那么其合约给消费者带来的净剩余至少等于第二期消费者从企业 2 购买产品获得的剩余，即企业 1 面临的消费者个人理性约束条件为：

$$V_{A1}(p_{A1}) + \delta V_{A2}(p_{A2}) \geq \delta V_{B2}(c_1) \tag{5-1}$$

式（5-1）成立的根本原因在于：消费者对两期产品的需求是独立的，而不是互补的。如果第一期从垄断企业购买产品，则第二期必须仍然从垄断企业购买产品；如果第二期从其他企业购买产品，则第一期不必从垄断企业购买产品。

企业 1 的决策为在消费者个人理性约束条件下最大化两期的联合利润：

$$\Pi_1 = (p_{A1} - c_1) q_{A1}(p_{A1}) + \delta (p_{A2} - c_1) q_{A2}(p_{A2})$$

$$\text{s. t. } V_{A1}(p_{A1}) + \delta V_{A2}(p_{A2}) \geq \delta V_{B2}(c_1) \tag{5-2}$$

由企业 1 最优化问题构造的拉格朗日函数为：

$$L(p_{A1}, p_{A2}, \lambda) = (p_{A1}-c_1)q_{A1}(p_{A1}) + \delta(p_{A2}-c_2)q_{A2}(p_{A2}) + \lambda[V_{A1}(p_{A1}) + \delta V_{A2}(p_{A2}) - \delta V_{B2}(c_1)]$$ 利润最大化的一阶条件表示如下：

$$\begin{cases} (p_{A1}-c_1)\dfrac{\partial q_{A1}(p_{A1})}{\partial p_{A1}} + q_{A1}(p_{A1}) + \lambda\dfrac{\partial V_{A1}(p_{A1})}{\partial p_{A1}} = 0 \\ \\ \delta(p_{A2}-c_2)\dfrac{\partial q_{A2}(p_{A2})}{\partial p_{A2}} + \delta q_{A2}(p_{A2}) + \lambda\delta\dfrac{\partial V_{A2}(p_{A2})}{\partial p_{A2}} = 0 \end{cases} \tag{5-3}$$

由于 $q_{Ai} = -\dfrac{\partial V_{Ai}(p_{A1}, p_{A2}, M)}{\partial p_{Ai}}$，$M$ 表示消费产品 A 之外的支出，因此有：

$$\frac{(p_{Ai}-c_i)}{p_{Ai}}\frac{\partial q_{Ai}(p_{Ai})}{\partial p_{Ai}}\frac{p_{Ai}}{q_{Ai}(p_{Ai})} = \lambda - 1 \Rightarrow \frac{(p_{Ai}-c_i)}{p_{Ai}} = \frac{1-\lambda}{\varepsilon_{Ai}} \tag{5-4}$$

由式（5-4）可知 $1-\lambda>0$。若 $1-\lambda\leq0$，则是补贴策略或者两期产品均以边际成本定价，这与不搭售（第一期垄断销售，第二期竞争销售）相比，利润明显减少，因此 $1-\lambda\leq0$ 不可能成立，由此可得以下命题。

命题 5-1：由垄断企业 1 利润最大化的一阶条件可知，垄断企业最优定价 (p_{A1}^*, p_{A2}^*) 为拉姆齐定价（Ramsey Pricing）。$0<\lambda<1$ 时，满足 $(p_{Ai}^*-c_1)/p_{Ai}^* = (1-\lambda)/\varepsilon_{Ai}$，其中 ε_{Ai} 表示消费者第 i 期对垄断产品的需求弹性在最优价格下的值。

推论 5-1：在以上假设下，搭售可以获得更多利润。

搭售时的最优定价为 (p_{A1}^*, p_{A2}^*)，因而有 $\pi(p_{A1}^*, p_{A2}^*) \geq \pi(p_{A1}, c_1)$，因为 (p_{A1}, c_1) 不是最优定价。

由命题 5-1 中的定价条件可知，垄断企业搭售时最优定价 $p_{A2}^*>c_1$。消费者在第一期的收益来自在消费者个人理性紧约束条件下，垄断企业将产品价格降到垄断价格以下增加的剩余。消费者在第二期选择企业 2 的产品将会失去第一期以低于垄断价格购买产品而获得剩余的威胁，这种威胁足以使消费者接受企业 1 的搭售合约。因此，拥有搭售选择权的垄断企业在第二期相对于竞争对手有优势地位，即使竞争者在生产竞争性产品上更有优势（边际成本比垄断企业低），也会因为垄断企业在第一期通过搭售合约俘获了消费者而无利可图。

如果企业 1 在第一期的垄断势力足够大，那么最优定价（p_{A1}^*，p_{A2}^*）可在（p_{A1}^m，p_{A2}^m）时达到，这时垄断企业在两期市场都有垄断势力。因此，在统一定价条件下，搭售具有"杠杆效应"，使垄断企业在第一期的垄断势力传递到第二期，可以看到搭售延长了垄断企业的专利保护期，芝加哥学派认为搭售不存在杠杆效应的观点此时并不适用。由此可得命题 5-2。

命题 5-2：垄断企业搭售的市场均衡是无效率均衡。

尽管垄断企业搭售均衡定价是一个社会次优的拉姆齐定价，但是其排斥了生产更有效率的竞争性企业。从社会生产效率的角度看，最优的社会生产应该由更有效率的企业 2 在第二期提供产品，因此垄断企业搭售的排斥效应导致了无效率的市场均衡。

在这一部分，笔者分析了统一定价下的搭售，并解释了传统的"杠杆"理论。但是这部分的模型也揭示出一个问题：在搭售可行所必须的一些假设下，两部定价也是可行的；当需求是确定性时，使用两部定价可以榨取所有消费者剩余，企业无须搭售。因此，搭售的经济模型要求改变需求完全确定性的假设，下面笔者在需求不确定的假设下研究。

三、两部定价下的搭售合约

前述分析说明在统一定价下垄断企业通过搭售可以将第一期的垄断势力传递到第二期，即第一期拥有专利权的垄断企业通过搭售可以延长专利保护期。然而，以上分析是基于消费者需求确定的条件展开的，即消费者需求是一个公共信息时，搭售可以获利。根据 Burstein（1960）的研究可知，当消费者需求确定时，企业通过两部定价的固定费用便可榨取所有的消费者剩余，此时搭售是不必要的。因此，这里从消费者需求不确定的角度来研究垄断企业提供两部定价形式的搭售合同的策略效应。本部分的研究将条件搭售与两部定价相结合，并假定两期产品价格独立但价格在两期市场间随机相关。

假设在具体规定的信息假设下，垄断企业提供一个可行的搭售合同（p_{A1}，p_{A2}，T），其中 p_{Ai} 是产品 A 第 i 期的可变价格，T 为收取的固定费用。假定垄断企业可以监督并禁止已支付固定费用 T 的购买者向没有支付固定费用的购买者转售产品，这就意味着企业使用两部定价方法是可行的。我们还假设如果消费者接受了垄断企业的搭售合约，那么他们支付固定费用以后，垄断企业无法监督消费者之间的转售行为，这就排除了比两部定价更复杂的非线性定价机制。

假定消费者偏好具有异质性，表现为对两期产品的需求具有差异性，且这个差异性是私人信息，垄断企业不知道每个消费者的偏好程度。消费者需求的差异化是解释条件搭售的必要因素，可以认为搭售是对消费者偏好私人信息的反应。

为便于分析，这里假定消费者在两期的产品需求是相关的，所有消费者在每一价格水平下的需求价格弹性相同，但是在两期的需求规模不同。用参数 a_i（$i = 1$，2）来衡量消费者在每一期的需求规模，$a_i > 0$。

由消费者的偏好参数（a_1，a_2）表示的效用函数为：$a_1 U_{i1}(Q_{i1}/a_1) + a_2 \delta U_{i2}(Q_{i2}/a_2) + e$。

由此得出的间接效用函数为：$a_1 V_{i1}(p_{i1}) + a_2 \delta V_{i2}(p_{i2}) + e$，假定 $V_{ij}(p_{ij})$ 是严格凸的。$q_{ij}(p_{ij})$ 是根据罗伊等式由 $V_{ij}(p_{ij})$ 得出的需求函数，其中 $i = A$，B；$j = 1$，2；$q_{ij}(p_{ij})$ 是可微的。令 $F(a_1$，$a_2)$ 表示消费者两期偏好参数的分布函数，相应的密度函数为 $f(a_1$，$a_2)$。定义 $h_i(a_i | a_j)$ 为由密度函数 $f(a_1$，$a_2)$ 得出的条件概率密度，$G_i(a_i)$ 和 $g_i(a_i)$（$i = 1$，2）分别为边缘分布函数和对应的边缘概率密度函数。在两部定价下提供搭售合约的垄断企业可行的战略选择为（p_1，p_2，T）。

（一）垄断企业的搭售激励

定义 $\pi_i(p_{Ai}) = q_{Ai}(p_{Ai})(p_{Ai} - c_1)$ 表示垄断企业在第 i 期从每个消费者规范化

需求中获得的利润，令 $A_1(a_2; p_{A1}, p_{A2}, T)$ 表示对于偏好参数为 (A_1, a_2) 的消费者接受搭售合约 (p_{A1}, p_{A2}, T) 与否无差异的 a_1 的水平。对于所有满足 $a_1 \geqslant A_1(a_2; p_{A1}, p_{A2}, T)$ 的消费者都会接受垄断企业的搭售合约。因此，$A_1(a_2; p_{A1}, p_{A2}, T)$ 是消费者个人理性紧约束条件 $a_1 V_{A1}(p_{A1}) + a_2\delta V_{A2}(p_{A2}) - T = a_2\delta V_{B2}(c_1)$ 成立时 a_1 的解，即：$A_1(a_2; p_{A1}, p_{A2}, T) = \dfrac{T + a_2\delta[V_{B2}(c_1) - V_{A2}(p_{A2})]}{V_{A1}(p_{A1})}$。

如果企业 1 不提供搭售合约，则有 $A_1(a_2; p_{A1}, p_{A2}, T) = a_1^* \equiv \dfrac{T}{V_{A1}(p_{A1})}$，与 a_2 无关。

在给定的假设条件下，垄断企业搭售时的利润函数表示为：

$$\Pi(p_{A1}, p_{A2}, T) = T \int_0^1 \int_{A_1(a_2; p_{A1}, p_{A2}, T)}^1 f(a_1, a_2)\,da_1\,da_2 + \int_0^1 \int_{A_1(a_2; p_{A1}, p_{A2}, T)}^1$$

$$[a_1\pi_1(p_{A1}) + a_2\delta\pi_2(p_{A2})]f(a_1, a_2)\,da_1\,da_2 \qquad (5-5)$$

利润最大化关于 p_{A2} 的一阶条件为：$\dfrac{\partial\Pi(p_{A1}, p_{A2}, T)}{\partial p_{A2}} = 0$。 $\qquad (5-6)$

对于任何 $p_{A2} > c_1$ 的定价只有在垄断企业实行搭售时才是可行的，因而垄断企业搭售有利可图的一个充分条件为式（5-6）左边当取值 $p_{A2} = c_1$ 时大于零，由此得出以下命题。

命题 5-3：当满足条件 $\dfrac{1}{1 - G(a_1^*)} \int_0^1 \int_{a_1^*}^1 a_2 f(a_1, a_2)\,da_1\,da_2 - \int_0^1 a_2 h_2(a_2 \mid a_1^*)\,da_2 > 0$ 时，垄断企业搭售比只在第一期出售产品更有利。也就是说，边际内消费者 a_2 的平均值大于边际消费者 a_2 的平均值时，垄断企业搭售可获利。其中，不等式左边等于将第二期的价格 p_{A2} 提高到非搭售价格水平 c_1 之上时所获的边际利润。

证明：要证明命题 5-3，即证明在给定 $p_{A2} = c_1$ 和市场均衡时的 p_{A1} 和 T 值的条件下，一阶条件 $\dfrac{\partial\Pi}{\partial p_{A2}} > 0$。当 $p_{A2} = c_1$ 时，有以下等式成立：

$$A_1(a_2;\ p_{A1},\ c_1,\ T)=\frac{T}{V_1(p_{A1})}\equiv a_1^*;\qquad\qquad\qquad (5-7)$$

$$\frac{\partial A_1}{\partial T}=\frac{1}{V_1(p_{A1})};\quad \frac{\partial A_1}{\partial p_{A2}}=\frac{a_2\delta q_2(p_{A2})}{V_1(p_{A1})};\qquad\qquad (5-8)$$

由 $\pi_i(p_{Ai})=q_{Ai}(p_{Ai})(p_{Ai}-c_1)$ 可知：

$$\frac{\partial \pi_2(p_{A2})}{\partial p_{A2}}=q_{A2}(c_1);\quad \pi_2(c_1)=0\qquad\qquad\qquad (5-9)$$

$$\Pi(p_{A1},\ p_{A2},\ T)=T\int_0^1\!\!\int_{A_1(a_2;\ p_{A1},\ p_{A2},\ T)}^1 f(a_1,\ a_2)\,da_1da_2+\int_0^1\!\!\int_{A_1(a_2;\ p_{A1},\ p_{A2},\ T)}^1$$
$$[a_1\pi_1(p_{A1})+a_2\delta\pi_2(p_{A2})]f(a_1,\ a_2)\,da_1da_2\qquad (5-10)$$

垄断企业关于 T 的一阶最优化条件为：

$$\frac{\partial \Pi}{\partial T}=\int_0^1\!\!\int_{A_1(a_2;\ p_{A1},\ p_{A2},\ T)}^1 f(a_1,\ a_2)\,da_1da_2-\frac{T}{V_1(p_{A1})}\int_0^1 f[A_1(a_2;\ p_{A1},\ p_{A2},\ T),$$
$$a_2]da_2-\frac{T}{V_1(p_{A1})}\int_0^1[A_1(a_2;\ p_{A1},\ p_{A2},\ T)\pi_1(p_{A1})+a_2\delta\pi_2(p_{A2})]f[A_1$$
$$(a_2;\ p_{A1},\ p_{A2},\ T),\ a_2]da_2=0$$

当 $p_{A2}=c_1$ 时，有：

$$\frac{\partial \Pi}{\partial T}\Big|_{p_{A2}=c_1}=\int_0^1\!\!\int_{a_1^*}^1 f(a_1,\ a_2)\,da_1da_2-\frac{T}{V_1(p_{A1})}\int_0^1 f(a_1^*,\ a_2)\,da_2-\frac{1}{V_1(p_{A1})}\int_0^1$$
$$[a_1^*\pi_1(p_{A1})+a_2\delta\pi_2(c_1)]f(a_1^*,\ a_2)\,da_2=0\qquad\qquad (5-11)$$

$$\Rightarrow 1-G(a_1^*)-\frac{T}{V_1(p_{A1})}g(a_1^*)-\frac{1}{V_1(p_{A1})}[a_1^*\pi_1(p_{A1})g(a_1^*)]=0$$

$$\Rightarrow 1-G(a_1^*)-a_1^*g(a_1^*)\Big[1+\frac{\pi_1(p_{A1})}{V_1(p_{A1})}\Big]=0\qquad\qquad (5-12)$$

垄断企业关于 p_{A2} 的一阶最优化条件为：

$$\frac{\partial \Pi}{\partial p_{A2}}=-T\int_0^1 \frac{a_2q_{A2}(p_{A2})}{V_1(p_{A1})}f(A_1(a_2;\ p_{A1},\ p_{A2},\ T),\ a_2)\,da_2-\int_0^1 \frac{a_2q_{A2}(p_{A2})}{V_1(p_{A1})}[A_1$$
$$(a_2;\ p_{A1},\ p_{A2},\ T)\pi_1(p_{A1})]f(A_1(a_2;\ p_{A1},\ p_{A2},\ T),\ a_2)\,da_2+\Big[\int_0^1$$

$$\frac{\partial \pi_2(p_{A2})}{\partial p_{A2}} \int_{A_1(a_2;\ p_{A1},\ p_{A2},\ T)}^1 a_2 \delta f(a_1,\ a_2) da_2 da_1 + \int_0^1 a_2 \delta \pi_2(p_{A2}) \frac{a_2 q_{A2}(p_{A2})}{V_1(p_{A1})} f$$

$$(A_1(a_2;\ p_{A1},\ p_{A2},\ T),\ a_2) da_2$$

当 $p_{A2} = c_1$ 时，有：

$$\frac{\partial \Pi}{\partial p_{A2}}\Big|_{p_{A2}=c_1} = -T \int_0^1 \frac{a_2 \delta q_{A2}(c_1)}{V_1(p_{A1})} f(a_1^*,\ a_2) da_2 - \int_0^1 \frac{a_2 \delta q_{A2}(c_1)}{V_1(p_{A1})} [a_1^* \pi_1(p_{A1})] f$$

$$(a_1^*,\ a_2) da_2 + \int_0^1 \int_{a_1^*}^1 a_2 \delta q_{A2}(c_1) f(a_1,\ a_2) da_1 da_2$$

$$= \delta q_{A2}(c_1) \left\{ -a_1^* \int_0^1 a_2 f(a_1^*,\ a_2) da_2 \left[1 + \frac{\pi_1(p_{A1})}{V_1(p_{A1})}\right] + \int_0^1 \int_{a_1^*}^1 a_2 f(a_1,\ \right.$$

$$\left. a_2) da_1 da_2 \right\} \tag{5-13}$$

将 $1 - G(a_1^*) - a_1^* g(a_1^*) \left[1 + \frac{\pi_1(p_{A1})}{V_1(p_{A1})}\right] = 0$ 代入式（5-13），可得：

$$\frac{\partial \Pi}{\partial p_{A2}}\Big|_{p_{A2}=c_1} = \delta q_{A2}(c_1) \left\{ \int_0^1 \int_{a_1^*}^1 a_2 f(a_1,\ a_2) da_1 da_2 - \int_0^1 a_2 f(a_1^*,\ a_2) da_2 \right.$$

$$\left. \frac{1 - G(a_1^*)}{g(a_1^*)} \right\}$$

$$= \delta q_{A2}(c_1) \left\{ \int_0^1 \int_{a_1^*}^1 a_2 f(a_1,\ a_2) da_1 da_2 - \int_0^1 a_2 \frac{f(a_1^*,\ a_2)}{g(a_1^*)} da_2 (1 - \right.$$

$$\left. G(a_1^*)) \right\} \tag{5-14}$$

若要 $\frac{\partial \Pi}{\partial p_{A2}}\Big|_{p_{A2}=c_1} > 0$，只要有：

$$\int_0^1 \int_{a_1^*}^1 a_2 f(a_1,\ a_2) da_1 da_2 - \int_0^1 a_2 \frac{f(a_1^*,\ a_2)}{g(a_1^*)} da_2 (1 - G(a_1^*)) > 0，\quad 即$$

$$\frac{1}{1 - G(a_1^*)} \int_0^1 \int_{a_1^*}^1 a_2 f(a_1,\ a_2) da_1 da_2 - \int_0^1 a_2 h_2(a_2 \mid a_1^*) da_2 > 0，命题得证。$$

垄断企业通过搭售在第二期将产品价格提高到竞争性价格水平以上，从而榨取边际内消费者的剩余，可以获得更多利润。然而，成功榨取边际内消费者剩余以获利要求边际内消费者在第二期比边际消费者对产品具有相对更强的偏好。由此可得以下命题。

命题5-4：在前述假设条件下，如果 a_1 和 a_2 是独立分布，那么一阶最优化条件 $\dfrac{\partial \Pi(p_{A1},\ p_{A2},\ T)}{\partial p_{A2}}=0$ 在 $p_{A2}=c_1$ 处满足，也就是说，利润最大化的一阶条件为企业1提供短期购买合约，第一期独立销售产品获得垄断利润，而第二期以边际成本销售产品获得零利润。如果需求是线性的，并且关于 a_1 和 a_2 的分布是均匀的，那么提供短期购买合约的战略是最优的。

（二）搭售的效应

为分析搭售对市场资源配置的影响效应，简单考虑两期偏好参数 a_1 和 a_2 完全相关的情况。这里假定 $a_1=a_2\equiv a$，且满足单调风险率递增的性质，即 $[1-F(a)]/af(a)$ 关于 a 递减。单调风险率递增是标准规制条件，大部分分布函数形式下都能够满足。同时假定，对于每个 i，由需求函数 $q_{Ai}(p_{Ai})$ 得到的利润函数 $\pi_i(p_{Ai})=(p_{Ai}-c_A)q_{Ai}(p_{Ai})$ 是凹函数。

在假设 $a_1=a_2\equiv a$ 条件下，给定 $(p_{A1},\ p_{A2},\ T)$，所有偏好高于某个边际值 $\hat{a}$ 的消费者都会接受搭售合约，购买搭售产品。这些边际消费者由下式确定：

$$\hat{a}[V_{A1}(p_{A1})+\delta V_{A2}(p_{A2})-V_{B2}(c_1)]=T \tag{5-15}$$

通过分析我们发现搭售改变了传统两部定价下企业增加利润的权衡。在非搭售的情况下，垄断企业通过改变固定费用 T 和可变价格 p_{A1} 来增加利润。然而，垄断制定的价格已大大高于边际成本，再提高可变价格会降低从每个产品中获得的总剩余，不过垄断企业通过价格加成可从需求强度较大的消费者那里获得更多的租金来提高总剩余中垄断者所占有的份额。在搭售的情况下，可以得到更有效的可变价格组合，使价格加成扭曲在两期市场上分摊。由于两期市场的产品需求之间有相关性，两期市场的价格加成仍然能从需求相对较强的消费者那里获得更多租金。

当消费者对产品的两期需求正相关,那么面对随机相关的两期需求,垄断企业通过将第一期的购买权与第二期的购买权搭售可以获得更多利润。究其原因,此搭售策略可以给垄断企业提供一个更有效的可变价格组合,从而使垄断企业有能力获取需求相对较强的消费者的租金。搭售策略引致的结果是降低了固定费用,而更大限度地依赖可变价格来攫取消费者剩余。因而,相对于非搭售策略,搭售情况下将会有更多的消费者购买产品。因此,我们可以说,搭售并非帕累托最劣的,在本章模型的研究条件下,搭售可能是帕累托改进的。

搭售的经济效应是个复杂的理论问题,在实践中往往也难以一致地判断搭售的市场竞争效应,不易提出具有一致性的反竞争政策。因此,用经济理论来探究搭售的效应以及均衡效果,有助于建立一个经济学的分析框架以理解搭售经济效应的潜在影响,也有助于政策制定者对有关搭售的反垄断案例做出一致性的判定。Burstein(1960)的研究说明了在两产品需求独立的情况下,条件搭售可以获得比独立销售更高的利润,然而其分析基于的假定条件是两部定价不可行。如果垄断企业可以实行两部定价的收费方式,那么通过两部定价可以获得所有的消费者剩余,无须搭售。

然而,在现实中,常常看到搭售与两部定价相结合的销售方式,这是因为消费者需求常常存在随机相关性,此时两部定价并不能攫取所有消费者剩余,搭售可以实现价格歧视效应,更多地攫取需求相对较强的消费者的剩余。本章模型采用 Mathewson 和 Winter(1997)的研究方法,研究在第一期市场上拥有专利权从而垄断整个市场的企业,在第二期市场上面临竞争时通过搭售可以将第一期市场上的垄断势力传递到第二期市场上,从而延长其专利保护期的激励。虽然本章模型的研究在一定程度上说明了耐用品垄断企业实行搭售策略获利的激励以及搭售可以延长垄断企业专利保护期的经济效应,但是本章的研究没有考虑垄断企业在第一期市场上取得专利权的投资,如果考虑企业取得专利权的固定投资,那么通过搭售并不一定能够俘获所有消费者,因而搭售可能不是企业的最优策略。

此外，本章的研究假定在第二期市场上竞争性企业进入市场是外生的，更为现实的假定应为竞争者进入市场的决策内生决定，取决于进入市场后能够吸引的消费者比例。这可能会扭曲消费者和垄断企业达成长期购买合约的激励。潜在进入者将会因在位企业与消费者签订的长期购买合约而受损，因为要想成功进入市场，潜在进入企业必须提供低价以吸引消费者。垄断企业通过搭售将第一期市场上的垄断势力传递到第二期市场上可能会带来无效率，有损于消费者和潜在进入者。

第六章　互补产品混合捆绑销售和市场竞争

在产品市场上，生产多种产品的企业通常将产品加以组合进行销售，这种销售方法称为捆绑销售。捆绑销售在现实经济中被企业广泛采用，例如，一些报纸的头版通常要和体育版、娱乐版或副刊一起销售；电子计算机通常安装好操作系统和应用软件后再出售；汽车销售商出售整车，而不单独销售轮胎、车身和发动机等。在捆绑销售的两种方式中，混合捆绑往往在生产互补产品的寡头竞争市场中较为常见。例如，在电信市场上，手机和电信服务是完全互补的产品，市场上存在多个电信服务商和手机生产商，不同的电信服务商寻找合适的手机生产商合作实行"混合捆绑"，然后和其他的电信服务商以及手机生产商进行竞争。本章以上述电信市场上企业之间的竞争为背景，建立具有上述市场竞争特征的基本模型，研究企业之间通过合作实行"混合捆绑"策略的内在机制，以及这种销售策略对于消费者剩余、企业利润和社会福利的影响，最后针对这种策略提出一些反垄断和促进竞争的政策建议。

近年来，对混合捆绑问题深入研究的文献并不少见。Choi（2008）建立一个简单的四厂商竞争模型，主要研究生产互补产品[1]的两个企业合并以后使用

---

① Economides 和 Salop（1992）分析了在一些市场结构下，生产互补产品的多个厂商在市场竞争中所达到的均衡价格的性质。他们发现，当系统产品之间的替代性非常强时，所有厂商合并销售产品的价格会高于厂商单独销售产品的价格。此外，他们还分析了系统产品竞争、平行纵向合并和单边联合等市场结构下的均衡价格。

混合捆绑策略进行竞争对于市场价格、企业利润和社会福利的影响。研究结果显示：两个生产互补产品的企业合并后，合并企业会采用混合捆绑方式进行产品销售，并且合并后企业出售的捆绑产品价格要比合并前两个组件的价格之和更低，但是单独销售组件的价格会提高，两个单独销售组件的竞争对手的价格则降低。就企业的利润而言，合并企业的利润提高，而单独销售企业的利润降低。就社会福利而言，当系统产品之间的替代性比较强时，整个社会福利降低。因此，在互补品市场中企业合并或混合捆绑销售可能具有反竞争的效应。Armstrong 和 Vickers（2010）在两维 Hotelling 模型的基础上，研究两个对称的寡头企业进行混合捆绑销售的竞争问题。研究表明，两个对称企业使用混合捆绑策略进行竞争会导致企业利润降低，消费者剩余增加，而社会福利降低。尽管 Choi（2008）及 Armstrong 和 Vickers（2010）的研究获得了一些重要的研究结论，但仍有一些问题需要进一步研究：首先，Choi（2008）的兼并混合捆绑模型，只研究了两个企业单边合并后使用混合捆绑策略与其他两个企业进行竞争的情况，在现实中，企业通过契约而不进行合并也可以直接进行捆绑销售。同时，Choi（2008）没有分析双边混合捆绑竞争的情况。其次，Armstrong 和 Vickers（2010）的静态模型，仅研究了生产多产品的寡头企业双边混合捆绑的市场竞争情况，没有分析单边捆绑的市场竞争的情况。最后，Choi（2008）及 Armstrong 和 Vickers（2010）的静态模型都隐含地假定企业竞争策略是外生给定的。

本章以电信市场上厂商之间的竞争为背景，主要在 Choi（2008）及 Armstrong 和 Vickers（2010）文献研究的基础上，研究生产完全互补产品的寡头企业使用混合捆绑策略进行价格竞争的市场效应。本章建立的动态分析模型，为 Choi（2008）及 Armstrong 和 Vickers（2010）的研究构建统一的分析框架，既能分析单边混合捆绑的竞争问题，又能分析双边混合捆绑的竞争问题。此外，本章的模型还可内生地确定寡头企业竞争的策略选择。

本章的研究在现实经济中同样具有重要的应用价值。在电信市场中，电信运营商与手机生产商既可以签约进行捆绑销售，也可以单独销售。对电信市场中电信运营商和手机生产商所使用的竞争策略，一些反垄断专家认为，大的无线通信运营商和手机生产商通过排他性的捆绑销售策略，阻碍了市场竞争。但是，无线通信运营商和手机生产厂商则认为它们通过独家合作实际上共同承担了一个尚未获得市场证明的产品的风险和成本，加速了高科技发展的步伐，禁止它们进行捆绑销售合作，不会增强竞争，反而会削弱竞争。本章的研究试图为这种捆绑销售策略的反竞争性提供一个分析的视角。

本章内容的结构安排如下：第一部分描述了本书的基本模型和假设条件；第二部分讨论了单边捆绑销售下的市场均衡和社会福利；第三部分讨论了双边捆绑销售下的市场均衡和社会福利；第四部分分析了电信运营商和手机生产商的销售策略选择；第五部分为应用案例分析；第六部分为本章的总结。

一、基本模型设定

假定市场中存在两种互补产品 A 和 B，每种产品都有两种不同的品牌并由不同的企业生产，即产品 A 有 A_1 和 A_2 两种品牌并由企业 A_1 和 A_2 分别生产，产品 B 有 B_1 和 B_2 两种品牌并由企业 B_1 和 B_2 分别生产。两种品牌的产品只有联合使用才有价值，单独使用的效用为零。假定两种产品生产商按照 1∶1 的比例形成最终产品系统，由此消费者有四种产品组合的选择：A_1B_1、A_1B_2、A_2B_1 和 A_2B_2，其中 A_1B_2 和 A_2B_1 称为混合匹配（Mix-and-Match）的系统[①]。

企业在竞争过程中的博弈顺序如下：

（1）在博弈的第一阶段，企业 A_i 和 B_i 决定是单独销售还是签订契约混合捆绑销售其产品。如果决定混合捆绑销售（假定企业 A_i 和企业 B_i 捆绑），则

---

① 混合匹配的系统指由捆绑销售中的一方产品和没有捆绑销售中一方的产品组成的系统。

要签订捆绑销售契约，主要商定如何制定捆绑产品系统的价格及利润分配。为简化分析，假设达成协议后捆绑产品系统的价格由企业 A_i 决定，(α, β) 分别为两个企业销售的捆绑系统的利润分配比例，这个比例由两个企业的谈判能力外生决定，不妨假设 $\alpha = \beta = \dfrac{1}{2}$。

（2）在博弈的第二阶段，企业进行价格竞争。假定产品 A_i 的定价为 p_{Ai}，产品 B_j 的价格为 p_{Bj}。在单独销售的情况下，系统 A_iB_j 的价格为 $s_{ij} = p_{Ai} + p_{Bj}$；而在混合捆绑销售的情况下，系统 A_iB_i 的价格为 $s_{ii} = p_{Ai} + p_{Bi} - b_{ii}$，其中 b_{ii} 为捆绑折扣（因此企业 A_i 对 s_{ii} 的决策等价于对 b_{ii} 的决策），系统 A_iB_j 的价格则为 $s_{ij} = p_{Ai} + p_{Bj}$。

若令 D^{ij} 表示消费者对系统 A_iB_j 的需求，根据 Choi（2008）的模型，假设四个系统是替代品，消费者对系统 A_iB_j 的需求如下：

$$D^{ij} = a - bs_{ij} + c \sum_{\substack{l=1 \\ l \neq i}}^{2} \sum_{\substack{k=1 \\ k \neq j}}^{2} s_{lk}, \quad \forall i \in \{1, 2\}; \quad \forall j \in \{1, 2\} \tag{6-1}$$

那么消费者对产品 A_i 的需求为 $D^{Ai} = D^{i1} + D^{i2}$，对产品 B_j 的需求为 $D^{Bj} = D^{j1} + D^{j2}$。在第一阶段企业做出决策以后，第二阶段博弈存在四个子博弈：①企业 A_1、A_2、B_1 和 B_2 单独销售其产品，称为所有企业单独销售的子博弈。②假定企业 A_1 和 B_1 决定混合捆绑销售，企业 A_2 和 B_2 决定单独销售；或者企业 A_1 和 B_1 决定单独销售，企业 A_2 和 B_2 决定混合捆绑销售，这个子博弈称为单边混合捆绑销售的子博弈。③企业 A_1 和 B_1 决定混合捆绑销售，企业 A_2 和 B_2 也决定混合捆绑销售，这个子博弈称为双边混合捆绑销售的子博弈。

在动态博弈的分析中，通常使用逆向归纳法求解博弈的均衡结果，因此笔者从第二阶段的子博弈开始分析。下面首先分析单边混合捆绑销售的子博弈，然后讨论双边混合捆绑销售的子博弈，最后分析第一阶段企业的最优销售策略选择。

二、单边混合捆绑销售下的市场竞争

我们分析这样一个单边混合捆绑销售的子博弈：企业 A_1 和 B_1 混合捆绑销售，企业 A_2 和 B_2 单独销售。另一个单边混合捆绑销售的子博弈可以类似分析，所得结论与我们分析的子博弈结论相同。

（一）均衡定价和企业利润

假定企业 A_1 和 B_1 签订捆绑销售契约，此时，企业 A_1 除对自己的产品 A_1 定价 p_{A1} 外，还要对捆绑产品进行定价，即决定 b_{11}。那么，企业 A_2、B_1 和 B_2 则分别决定 p_{A2}、p_{B1} 和 p_{B2}。企业 A_1、A_2、B_1 和 B_2 各自的利润为：

$$\pi^{A1}=p_{A1}D^{12}+\frac{1}{2}(p_{A1}+p_{B1}-b_{11})D^{11} \tag{6-2}$$

$$\pi^{A2}=p_{A2}(D^{21}+D^{22}) \tag{6-3}$$

$$\pi^{B1}=p_{B1}D^{21}+\frac{1}{2}(p_{A1}+p_{B1}-b_{11})D^{11} \tag{6-4}$$

$$\pi^{B2}=p_{B2}(D^{12}+D^{22}) \tag{6-5}$$

利润最大化的一阶条件为：

$$\frac{\partial \pi^{A1}}{\partial p_{A1}}=\frac{3}{2}a-3(b-c)p_{A1}+3cp_{A2}-(b-3c)p_{B1}-(b-2c)p_{B2}+\left(b-\frac{3}{2}c\right)b_{11}=0$$

$$\frac{\partial \pi^{A1}}{\partial b_{11}}=\frac{1}{2}a-\left(b-\frac{3}{2}c\right)p_{A1}-\left(b-\frac{1}{2}c\right)p_{B1}+cp_{A2}+cp_{B2}+bb_{11}=0$$

$$\frac{\partial \pi^{A2}}{\partial p_{A2}}=2a+4cp_{A1}-4(b-c)p_{A2}-(b-3c)p_{B1}-(b-3c)p_{B2}-2cb_{11}=0$$

$$\frac{\partial \pi^{B1}}{\partial p_{B1}}=\frac{3}{2}a-(b-3c)p_{A1}-3(b-c)p_{B1}-(b-2c)p_{A2}+3cp_{B2}+\left(b-\frac{3}{2}c\right)b_{11}=0$$

$$\frac{\partial \pi^{B2}}{\partial p_{B2}} = 2a - (b-3c)p_{A1} - (b-3c)p_{A2} + 4cp_{B1} - 4(b-c)p_{B2} - 2cb_{11} = 0。$$

解这个一阶条件方程组得到均衡定价（OSB 代表单边捆绑销售 One-Sided Bundling）为：

$$p_{A1}^{OSB} = p_{B1}^{OSB} = \frac{a(12b^2 + 7bc - c^2)}{4(9b^2 - 22bc + 4c^2)(b+c)} \tag{6-6}$$

$$p_{A2}^{OSB} = p_{B2}^{OSB} = \frac{3a(4b-c)}{4(9b^2 - 22bc + 4c^2)} \tag{6-7}$$

$$b_{11} = \frac{a(b-c)(3b-c)}{2(b+c)(9b^2 - 22bc + 4c^2)} \tag{6-8}$$

因此系统价格为：

$$s^{11} = \frac{a(9b^2 + 11bc - 2c^2)}{2(b+c)(9b^2 - 22bc + 4c^2)} \tag{6-9}$$

$$s^{12} = s^{21} = \frac{a(6b^2 + 4bc - c^2)}{(b+c)(9b^2 - 22bc + 4c^2)} \tag{6-10}$$

$$s^{22} = \frac{3a(4b-c)}{2(9b^2 - 22bc + 4c^2)} \tag{6-11}$$

相应地，可以求出消费者对系统的需求分别为：

$$\widetilde{D}^{11} = \frac{a(b-c)(9b-c)}{2(9b^2 - 22bc + 4c^2)} \tag{6-12}$$

$$\widetilde{D}^{12} = \widetilde{D}^{21} = \frac{a(b-c)(6b-c)}{2(9b^2 - 22bc + 4c^2)} \tag{6-13}$$

$$\widetilde{D}^{22} = \frac{a(b-c)(3b-c)}{(9b^2 - 22bc + 4c^2)} \tag{6-14}$$

那么，我们可以计算出企业 A_1、B_1、A_2 和 B_2 的利润分别为：

$$\pi^{A1} = \pi^{B1} = \frac{3a^2(b-c)(51b^3 + 40b^2c - 14bc^2 + c^3)}{8(b+c)(9b^2 - 22bc + 4c^2)^2} \tag{6-15}$$

$$\pi^{A2} = \pi^{B2} = \frac{9a^2(b-c)(4b-c)^2}{8(9b^2 - 22bc + 4c^2)^2} \tag{6-16}$$

Economides 和 Salop（1992）分析了所有企业单独销售时的均衡定价，为同单边捆绑销售契约下的均衡定价进行比较，笔者给出所有企业单独销售时市场的均衡价格、均衡需求和均衡利润如下。

所有企业单独销售时产品定价为 $p_{A1}^{I} = p_{A2}^{I} = p_{B1}^{I} = p_{B2}^{I} = \dfrac{a}{(3b-7c)}$，所有企业单独销售时的系统价格为 $s^{11} = s^{12} = s^{21} = s^{22} = \dfrac{2a}{(3b-7c)}$，这时每个系统的市场份额均为 $\dfrac{1}{4}$，需求均为 $D^{11} = D^{12} = D^{21} = D^{22} = \dfrac{a(b-c)}{(3b-7c)}$。消费者对每个组件的需求均为 $\dfrac{2a(b-c)}{(3b-7c)}$，企业的利润为 $\pi^{A1} = \pi^{A2} = \pi^{B1} = \pi^{B2} = \dfrac{2a^{2}(b-c)}{(3b-7c)^{2}}$。

通过比较两种销售策略下的均衡定价，我们可以发现：$p_{A1}^{OSB} > p_{A1}^{I} = p_{A2}^{I} > p_{A2}^{OSB}$，$p_{B1}^{OSB} > p_{B1}^{I} = p_{B2}^{I} > p_{B2}^{OSB}$，$s_{ii} > s_{ii}^{OSB}$，$s_{ij}^{OSB} > s_{ij}(i \neq j)$，即进行捆绑销售的电信运营商和手机生产商的服务和产品价格高于所有企业单独销售时的服务和产品价格，没有进行捆绑销售的电信运营商和手机生产商的服务和产品价格低于所有企业单独销售时的组件价格，捆绑销售的系统价格小于所有企业单独销售时的系统价格，混合匹配的系统价格高于所有企业单独销售时的系统价格，这个结果和 Choi（2008）讨论的企业兼并并捆绑销售的原理是相同的。系统 A_1B_1 的价格降低是因为捆绑销售的企业通过捆绑销售内部化了互补品竞争中定价的外部性[①]，捆绑销售的企业通过提高单独产品的价格，增加了消费者选择混合匹配系统 A_1B_2、A_2B_1 的成本，降低了消费者对竞争对手生产的组件的需求，而竞争对手则做出降低价格的反应以增强其系统的竞争性。总结以上分析结果我们得到命题 6-1。

命题 6-1：单边签订捆绑销售契约时：

（1）签订捆绑契约的企业对捆绑系统的定价低于所有企业单独销售时对

---

① 互补品定价中，任一厂商单独降价增加了另一厂商的需求，使另一厂商受益，因此厂商没有降价的动机，厂商合并后将这种外部性内部化，产品的市场价格低于竞争时的市场价格。

应的系统价格。

（2）混合捆绑系统中单独销售的产品价格高于所有企业单独销售时对应的产品价格。

（3）没有签订捆绑契约的企业对单独销售产品的定价低于所有企业单独销售时对应产品的价格。

（4）混合匹配的系统价格高于所有企业单独销售时对应的系统价格。

对比单边混合捆绑销售和所有企业单独销售的市场均衡结果，我们发现，单边混合捆绑销售下，消费者对系统 A_1B_1 和 A_2B_2 的需求增加，而对混合匹配的系统 A_1B_2 和 A_2B_1 的需求降低。同时可以看出 $\tilde{D}^{11} > \tilde{D}^{22}$，即消费者对系统 A_1B_1 的需求大于对系统 A_2B_2 的需求，也就是说，消费者对捆绑销售企业的系统需求大于非捆绑企业的系统需求。

与所有企业单独销售的市场均衡结果相比较，单边混合捆绑销售时，不签订捆绑销售契约而单独销售产品的企业利润降低，而签订捆绑销售契约进行混合捆绑销售的企业利润增加。由此我们得到命题 6-2。

命题 6-2：当企业 A_1、B_1 单边签订捆绑销售契约时：

（1）消费者对系统 A_1B_1、A_2B_2 的需求增加，而对混合匹配系统 A_1B_2、A_2B_1 的需求降低；由于 A_1B_1 比 A_2B_2 价格降低得更多，因此消费者对捆绑商品 A_1B_1 的需求增加量大于对非捆绑商品 A_2B_2 的需求增加量。

（2）由 $\tilde{D}^{11} + \tilde{D}^{12} > D^{11} + D^{12}$，$\tilde{D}^{11} + \tilde{D}^{21} > D^{11} + D^{21}$，$\tilde{D}^{21} + \tilde{D}^{22} < D^{21} + D^{22}$，$\tilde{D}^{12} + \tilde{D}^{22} < D^{12} + D^{22}$ 可知，消费者对独立产品 A_1 和 B_1 的总需求增加，对独立产品 A_2 和 B_2 的总需求降低。

（3）签订捆绑销售契约的企业 A_1 和 B_1 的利润增加，而没有签订捆绑销售契约单独销售产品的企业 A_2 和 B_2 的利润降低，因此捆绑销售降低了单独销售产品的竞争对手的利润。

（二）社会福利分析

假设代表性消费者的效用函数在一般等价物商品上是线性可分离的，我们由系统需求函数可以推导出系统反需求函数，由此得到消费者的效用函数如式（6-17）所示：

$$U(D^{11}, D^{12}, D^{21}, D^{22}) = (\lambda + \mu) a [D^{11} + D^{12} + D^{21} + D^{22}] - \frac{\lambda - 2\mu}{2} [(D^{11})^2 + (D^{12})^2 + (D^{21})^2 + (D^{22})^2] - \mu [D^{11}D^{12} + D^{11}D^{21} + D^{11}D^{22} + D^{12}D^{21} + D^{12}D^{22} + D^{21}D^{22}] + m \tag{6-17}$$

其中，$\lambda = \dfrac{b}{(b-3c)(b+c)}$，$\mu = \dfrac{c}{(b-3c)(b+c)}$，$m$ 为一般等价物商品的数量。

为简化计算，下面标准化 $a = b = 1$，由 $b > 3c$ 得到 $c \in \left(0, \dfrac{1}{3}\right)$。Economides 和 Salop（1992）给出所有企业单独销售产品时的消费者剩余和社会福利，分别为：

$$U^I = \frac{2(5 - 18c + 13c^2)}{(3 - 7c)^2(1 - 3c)}, \quad W^I = \frac{2(1 - c)(9 - 25c)}{(3 - 7c)^2(1 - 3c)}。$$

将 $\tilde{D}^{11}$、$\tilde{D}^{12}$、$\tilde{D}^{21}$、$\tilde{D}^{22}$ 代入效用函数式（6-17）得到单边捆绑销售均衡下的消费者剩余为：

$$\tilde{U}^{OSB} = \frac{(1 - c)(783 - 1491c - 1523c^2 + 723c^3 - 76c^4)}{8(9 - 22c + 4c^2)^2(1 - 3c)(1 + c)} \tag{6-18}$$

单边捆绑销售均衡下的社会福利为：

$$\tilde{W}^{OSB} = \frac{(3 - c)(1 - c)^2(4c^2 - 53c - 63)}{8(9 - 22c + 4c^2)^2(1 + c)(1 - 3c)} \tag{6-19}$$

完全互补性产品竞争的市场中有两种外部性：替代系统间的横向外部性和互补产品间的纵向外部性，因而捆绑对社会福利的影响会产生正、反两方面的效应：反竞争效应和效率效应。因为企业捆绑销售内生化了定价的外部性，从而产生效率效应；同时，潜在的反竞争效应又表现为捆绑企业短期或中期的市场圈占行为，即排斥竞争对手的行为。然而，即使不存在市场圈占行为，企业混合捆绑也会对消费者剩余和社会福利产生负面影响。企业捆绑后，降低了捆绑系统的价格，但是增加了混合匹配（Mix and Match）系统的价格，因而，原来购买两个捆绑企业的两种产品的消费者因捆绑价格的下降而受益；但是那些购买"混合匹配"系统并继续购买这种组合的消费者因捆绑后企业提高独立产品的价格而受损。企业单边捆绑销售对社会福利和消费者剩余的影响分别如图 6-1 和图 6-2 所示。

比较所有企业单独销售时的社会福利，单边捆绑销售的社会福利变化如图 6-1 所示。

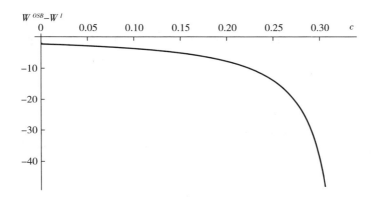

图 6-1　单边混合捆绑下社会福利变化

比较所有企业单独销售时的消费者剩余，单边捆绑销售的消费者剩余变化如图 6-2 所示。

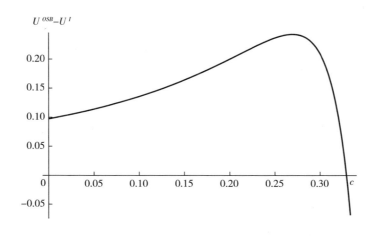

图 6-2　单边混合捆绑下消费者剩余变化

由此可得到命题 6-3。

命题 6-3：与所有企业独立销售时相比，单边混合捆绑下社会福利减少，且当 c 足够大时，存在重大的福利损失；单边混合捆绑下消费者剩余增加，且当 c 较大时，消费者剩余的增加随着 c 的增加而降低。

三、双边混合捆绑销售下的市场竞争

（一）均衡定价和企业利润

根据逆向归纳法，给定电信运营商 A_1 和手机生产商 B_1 签订的捆绑销售契约（b_{11}，α_1，β_1），电信运营商 A_2 和手机生产商 B_2 签订的捆绑销售契约（b_{22}，α_2，β_2），企业 A_1、A_2、B_1 和 B_2 的产品定价分别为 p_{A1}、p_{A2}、p_{B1} 和 p_{B2}，企业 A_1、A_2 对捆绑折扣的定价分别为 b_{11} 和 b_{22}，可得出企业 A_1、A_2、B_1 和 B_2 各自的利润为：

$$\Pi^{A1} = p_{A1}D^{12} + \alpha_1(p_{A1} + p_{B1} - b_{11})D^{11} \tag{6-20}$$

$$\Pi^{A2} = p_{A2}D^{21} + \alpha_2(p_{A2} + p_{B2} - b_{22})D^{22} \tag{6-21}$$

$$\Pi^{B1} = p_{B1}D^{21} + \beta_1(p_{A1} + p_{B1} - b_{11})D^{11} \tag{6-22}$$

$$\Pi^{B2} = p_{B2}D^{12} + \beta_2(p_{A2} + p_{B2} - b_{22})D^{22} \tag{6-23}$$

求解企业利润最大化的一阶条件方程组，并假定 $\alpha_1 = \beta_1 = \dfrac{1}{2}$，$\alpha_2 = \beta_2 = \dfrac{1}{2}$，可以得到双边混合捆绑销售的均衡价格为：

$$p_{A1}^{TSB} = p_{B1}^{TSB} = \frac{a(4b+3c)}{2(6b-13c)(b+c)} \tag{6-24}$$

$$p_{A2}^{TSB} = p_{B2}^{TSB} = \frac{a(4b+3c)}{2(6b-13c)(b+c)} \tag{6-25}$$

$$b_{11} = b_{22} = \frac{a(b-c)}{(6b-13c)(b+c)} \tag{6-26}$$

均衡定价的上标（TSB）代表双边捆绑销售（Two-Sided Bundling）。与独立定价相比可知，双边捆绑销售时，企业 A_1、B_1、A_2、B_2 单独销售的产品价格均上升。系统 A_iB_i 的价格为 $s_{ii} = \frac{a(3b+4c)}{(6b-13c)(b+c)}$，系统 A_iB_i 的价格总是下降的；混合搭配的系统 A_iB_j 的价格为 $s_{ij} = \frac{a(4b+3c)}{(6b-13c)(b+c)}$，$i \neq j$，其价格总是上升的。得到如下命题。

命题 6-4：当企业 A_1 和 B_1、企业 A_2 和 B_2 签订双边捆绑契约时，与所有企业独立销售均衡相比：

（1）企业 A_1、B_1、A_2、B_2 单独销售的产品价格均上升。

（2）捆绑系统 A_iB_i 的价格下降，而混合匹配系统 $A_iB_j(i \neq j)$ 的价格上升。

均衡定价时消费者对各系统的需求为：

$$\hat{D}^{ii} = \frac{3a(b-c)}{(6b-13c)} \tag{6-27}$$

$$\hat{D}^{ij} = \frac{2a(b-c)}{(6b-13c)}, \quad i \neq j \tag{6-28}$$

均衡定价时各企业利润为：

$$\hat{\Pi}^{Ai} = \hat{\Pi}^{Bi} = \frac{a^2(b-c)(17b+18c)}{2(6b-13c)^2(b+c)} \tag{6-29}$$

其中 $i, j \in \{1, 2\}$，$i \neq j$。由此得到如下命题。

命题 6-5：当企业 A_1 和 B_1、A_2 和 B_2 签订双边捆绑契约时，与所有企业独立销售均衡相比：

（1）$\hat{D}^{ii} > D^{ii}$，$\hat{D}^{ij} < D^{ij}$，即捆绑销售的系统需求上升，而混合匹配的系统需求下降。

（2）$\hat{D}^{Ai} = D^{Ai}$，$\hat{D}^{Bi} = D^{Bi}$，即消费者对每个企业提供的产品的总需求不变。

（3）$\hat{\Pi}^{Ai} = \hat{\Pi}^{Bi} < \Pi^{Ai} = \Pi^{Bi}$，即每个企业的利润均下降。

（二）社会福利分析

为简化分析，仍然假设 $a=b=1$，因为 $b>3c$，所以有 $c\in\left(0,\frac{1}{3}\right)$，将 $\hat{D}^{ii}=$

$\frac{3(1-c)}{(6-13c)}$，$\hat{D}^{ij}=\frac{2(1-c)}{(6-13c)}$，$i\neq j$ 代入效用函数，可以得到双边捆绑销售下的消

费者剩余为：

$$\hat{U}^{TSB}=\frac{(47-115c-51c^2+119c^3)}{(6-13c)^2(1-3c)(1+c)} \tag{6-30}$$

社会福利为：

$$\hat{W}^{TSB}=\frac{(81-215c-93c^2+227c^3)}{(6-13c)^2(1-3c)(1+c)} \tag{6-31}$$

与所有企业单独销售时的社会福利相比较，双边捆绑销售的社会福利变化

如图 6-3 所示。

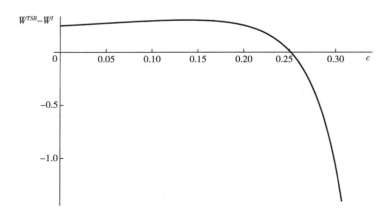

图 6-3　双边混合捆绑下社会福利变化

与所有企业单独销售时的消费者剩余相比较，双边混合捆绑销售的消费者

剩余变化如图 6-4 所示。

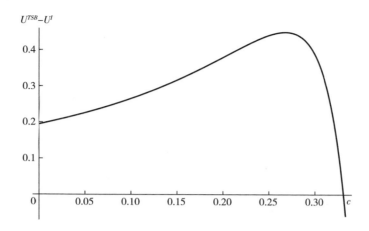

图 6-4 双边混合捆绑下消费者剩余变化

由以上分析可得到以下命题。

命题 6-6：与所有企业单独销售时的均衡结果相比较，当系统间替代性较弱时，即 c 较小时，双边混合捆绑销售下社会福利增加；当系统间替代性较强时，即 c 较大时，双边混合捆绑销售下社会福利减少。此外，双边混合捆绑销售下消费者剩余增加，且当 c 较大时，消费者剩余的增加量降低。

当 c 接近 0 时，每个系统实际上变成一个单独的产品，在这种情况下，两个系统间很少有直接的竞争。此时，每个系统的市场如 Cournot 所研究的结果，捆绑提高了社会福利。然而，当系统间的替代程度很高，且竞争很激烈时（如 c 很大时），本章的模型研究表明，混合捆绑会降低社会福利。在双边混合捆绑销售时，虽然捆绑内生化了互补产品间的纵向外部性，但双边混合捆绑提高了混合匹配的系统价格，偏好 A_1B_1 系统或 A_2B_2 系统的消费者由于捆绑系统价格降低而受益，而偏好混合匹配系统 A_1B_2 或 A_2B_1 的消费者因系统价格上升而受损，当交叉替代参数 c 较大时，总的消费者剩余降低。

四、销售策略选择

通过以上分析，我们已经得到完全互补产品市场中所有企业单独销售子博弈、单边混合捆绑销售子博弈和双边混合捆绑销售子博弈的均衡结果，下面回到博弈的第一阶段来研究企业的最优销售策略选择。在博弈的第一阶段，每个企业的策略选择集为 $\Omega_i \in \{$捆绑销售，独立销售$\}$，博弈的标准式表述如图 6-5 所示。通过画线法我们得到博弈的子博弈完美纳什均衡结果是企业 A_1 和 B_1、企业 A_2 和 B_2 分别实行捆绑销售，即纳什均衡的结果为双边捆绑销售。由此得到以下命题。

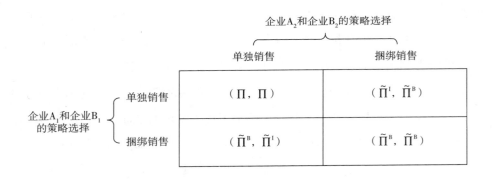

图 6-5　销售策略选择的博弈分析

命题 6-7：考虑企业在第一期的最优销售策略选择，双边捆绑销售是子博弈完美纳什均衡中的占优策略。

从命题 6-7 可以知道，虽然相对于双边捆绑销售而言，所有企业单独销售时可以获得更高的利润，但捆绑销售是每个企业的占优策略。联系到 3G 市场，从模型分析可以看出，捆绑销售是 3G 市场中企业的占优策略，同时也是 3G 市场上的电信运营商和手机生产商之间博弈的"囚徒困境"。从消费者一方来说，虽然偏好捆绑系统的消费者从企业竞争中获益，但偏好混合匹配系统的消费者却因为要支付更高的系统价格而受损。总的消费者剩余的变化则取决于消费者对系统需求的分布。

五、电信市场上的混合捆绑销售和竞争

在较成熟的 3G 电信市场上，电信运营商和手机生产商通过协议联合在一起，采用两种销售模式进行销售：签约套餐（Contract Plan）和预付费套餐（Prepaid Plan）。签约套餐实质上是一种捆绑销售，手机生产商和电信运营商谈判并签订供应契约，契约规定手机生产商向电信运营商提供手机，与此同时电信运营商向手机生产商给予一定的补贴。电信运营商再将手机生产商提供的手机和电信服务捆绑销售，销售部分所得按契约规定返还给手机生产商。预付费套餐实质上则是电信运营商单独销售电信服务。这两种销售模式的组合就是本章分析的混合捆绑销售。例如，在美国电信市场上，电信服务商 AT&T 和 Apple 签订了排他性销售协议，其签约套餐价格为 199 美元（包括 3G iPhone 手机、每月至少 40 美元的通信费用和 30 美元 3G 数据费用），使用签约套餐价格的消费者必须购买 AT&T 两年的电信服务。AT&T 预付费套餐通信费用为 0.1 美元/分钟，手机则向手机生产商购买。再如，Google、T-mobile 和 HTC 联合，不仅提供 T-mobile G1 手机和电信捆绑服务，同时 T-mobile 也单独提供预付费套餐的无线通信服务和单独销售 G1 手机。消费者同时购买捆绑的服务大概是 179 美元的手机费及每月 55 美元的通信费和数据费，如果单独购买手机则需花费 399 美元。因此相比签约套餐，预付费套餐价格更贵，但消费者购

买预付费套餐无须信用审查，并可以随时转换到其他电信网络。

电信服务商和手机生产商的排他性销售契约在美国引起了很大争议。美国参议院司法委员会反垄断分委员会要求美国联邦通信委员会（FCC）以及美国司法部调查通信运营商和手机厂商的独家合作，以及电信行业的竞争问题。在过去的几年里，美国大的无线通信运营商数量从 7 家减少到 4 家，并且这 4 家占有 90% 的市场份额，其中 AT&T 和 Verizon 就占有 60% 的市场份额。一些反垄断专家认为，大的无线通信运营商和手机生产商通过排他性的捆绑销售，使消费者在选择手机后必须使用相对应的电信服务而无法使用其他电信公司的服务，这会阻碍区域性的无线电信运营商进入市场，因此捆绑销售实际上阻碍了市场竞争。对此批评，AT&T 负责司法事务的高级副总裁 James Cicconi 表示，iPhone 手机的流行以及它的创新功能，引发了行业内史无前例的竞争性反应。他表示，排他性的捆绑销售合作使美国消费者有机会以能够承担的价格用上全世界最先进的手机，运营商和手机厂商通过独家合作共同承担了一个尚未获得市场证明的产品的风险和成本，独家合作加速了高科技发展的步伐，并鼓励运营商给消费者提供更多的手机补贴。James Cicconi 认为，禁止手机捆绑合作，不会刺激竞争，反而会削弱竞争①。

2008 年 5 月，我国电信产业六大电信运营商被重组为三个开展全部业务的电信运营商：中国移动、中国联通和中国电信。2009 年 1 月三大电信运营商获得 3G 电信运营牌照，标志着中国正式进入 3G 移动通信的商业化时代。从电信网络标准来看，中国联通、中国电信和中国移动分别采用欧洲的 WCD-MA 标准、美国的 CDMA2000 标准和中国的 TD-SCDMA 标准，从而形成三个 3G 标准相互竞争的市场格局。从电信服务的销售策略看，中国 2G 电信市场主要采用手机和电信服务单独销售的策略，消费者从手机市场购买手机然后从电信运营商处购买服务，再组合起来消费，但是 3G 电信市场的销售服务则有很大的不同。事实上，尽管国内的 3G 电信市场刚刚起步，但中国电信和联通与

---

① McBride, Sarah. AT&T on Piracy［J］. Wall Street Journal, 2008.

苹果公司已签订排他性销售协议在中国大陆地区捆绑销售两款 iPhone 手机和电信服务，因此国外电信运营商和手机生产商的销售模式以及政府对于反垄断和竞争的关注值得我们借鉴。

当生产完全互补产品的企业单边混合捆绑销售产品时，与所有企业单独销售产品的价格相比，捆绑产品和竞争对手的产品价格降低，但捆绑销售企业单独产品的销售价格会上升；混合捆绑销售企业的利润增加而单独销售企业的利润降低，社会福利则会受损。当生产完全互补产品的企业双边混合捆绑销售时，与所有企业单独销售产品的价格相比，捆绑产品的价格降低，捆绑销售企业单独产品的销售价格会上升；市场竞争增强，企业利润降低，消费者剩余增加，而总的社会福利的变化则是不确定的，取决于系统间替代性的强度。当企业可以进行销售策略选择时，尽管企业选择双边混合捆绑销售会获得较低利润，但这是唯一的均衡结果，企业陷入了"囚徒困境"。

本章分析了完全互补品市场中捆绑销售对市场和竞争的影响。在单边捆绑销售下，捆绑销售增加了捆绑销售企业的利润，降低了单独销售企业的利润。与 Choi（2008）只分析单边效应、Armstrong 和 Vickers（2010）只分析双边效应不同的是，本章扩大了企业的策略选择集，考虑第一期企业可以选择与其他企业签约或不签约的完全信息动态博弈，此外本章的研究还证明了双边捆绑销售是企业的占优策略。

本章的结论可以很好地解释电信市场竞争中，电信运营商和手机生产商所使用的竞争策略及其对市场竞争的影响；可以解释国外成熟的电信市场中电信运营商和手机生产商广泛采取捆绑销售商业模式的内在原因；可以解释签约套餐和预付费套餐电信资费存在的合理性。同时，本章也分析了电信运营商和手机生产商采取捆绑销售对企业利润、消费者剩余和社会福利的影响。

第七章 纯捆绑的研发效应研究

在市场竞争中，捆绑销售已成为一种企业普遍采用的竞争策略，在捆绑的两种形式中，纯捆绑较常见于企业对一个产品有垄断势力的市场结构上。例如，Microsoft 将 PC 操作系统与 Internet Explorer 捆绑销售，使 Microsoft 在 PC 操作系统上的垄断势力传递到浏览器市场，成功排斥了竞争对手 Netscape Navigator。在传统意识中，企业通过捆绑销售可以获得更多利润，榨取更多消费者剩余。但是，捆绑作为一种策略性行为，并不一定总是有利可图的，其市场效应与市场结构密切相关。

捆绑销售在电信竞争历史中尤为突出，近几年，随着"三网融合"的不断推进，电信与广电的竞争也愈演愈烈。尤其是电信在上海首先推出 IPTV 业务，将宽带与 IPTV 业务捆绑销售。上海电信为使 IPTV 业务从战略上快速实现用户规模，推出了 IPTV 与 e 家套餐、宽带的捆绑套餐，此举拉动了 IPTV 业务的增长，提高了宽带的黏性，抓住了用户的消费心理，扩大了用户规模。应对电信的竞争，东方有线大量投入资金进行双向改造和服务创新，以期实现所有可以在电信运营商 IPTV 上运营的业务。电信的这种捆绑销售策略是否具有反竞争性，是否有损消费者福利，是本章模型试图要说明的一个问题。

一、捆绑的研发效应

垄断企业捆绑销售的多维度效应已有不少理论研究，现实市场也不乏此类案例。然而，在捆绑的诸多效应中，有关研发效应的研究成果并不丰富。以捆绑在电信竞争中的研发效应为例，本章基于一个纵向差异化模型，研究垄断企业独立产品捆绑销售策略对市场价格、市场竞争性的影响，以及存在研发竞争时捆绑对竞争性产品研发激励的影响。关于捆绑的"研发效应"，基本结论是捆绑增加垄断者的研发激励，降低竞争对手的研发激励。Choi（2004）在"垄断—竞争"的市场结构下，以研发结果确定性为前提，研究了独立产品捆绑对研发激励的影响以及对社会福利的影响。若竞争性产品市场存在研发竞争，捆绑会带来不对称的研发激励效应，垄断企业的研发投入增加，竞争者的研发投入降低。虽然捆绑使企业价格竞争更激烈，但是捆绑的研发效应会使捆绑企业获得更多的动态租金，这种动态租金超过价格竞争效应，即使没有将对手排挤出市场，捆绑也是有利的。

本章以 Choi（2004）的研究为基础，在"垄断—寡头"的市场结构下研究垄断企业独立产品捆绑销售的策略效应。Choi（2004）的模型分析存在横向差异产品竞争时，垄断企业搭售对企业成本研发激励的影响。此外，Choi 的研究关注产品价格博弈和 R&D 博弈间的关系，而不是研究两种产品间 R&D 博弈的关系。

本章研究与 Choi（2004）的不同之处在于：本章模型建立在产品纵向差异的基础上，研究捆绑对企业质量研发激励的影响。同时，本章关注两产品间 R&D 博弈的关系。研究发现，无论在竞争性产品市场上是否存在研发竞争，垄断企业捆绑后所有产品的市场价格都降低，捆绑增加了市场的竞争性，降低了竞争者的利润，在一定条件下，捆绑策略具有市场排斥效应。当不存在研发竞争时，捆绑是否具有杠杆效应，取决于竞争性产品质量差异的程度。如果竞争性产品质量差异较小，捆绑增加了产品差异性，垄断企业通过捆绑能获得额外的利润，此时捆绑具有"杠杆效应"；如果竞争性产品质量差异较大，垄断企业捆绑会降低其利润，此时捆绑不是有利可图的策略。当存在研发竞争时，垄断企业独立销售条件下研发投入大于竞争者，捆绑销售条件下研发投入小于竞争者。可以看出，当垄断企业独立销售时，质量研发的均衡结果是两个竞争性产品差异化降低；当垄断企业捆绑销售时，质量研发的结果符合质量选择最大差异化原则，均衡结果是两种竞争性产品差异化增大。此外，本章模型的研究说明了电信运营商将宽带业务与 IPTV 业务捆绑销售以排斥东方有线 IPTV 业务的竞争策略。电信将宽带业务与 IPTV 业务捆绑销售使电信和东方有线的竞争愈演愈烈，双方为争夺市场份额而不断进行服务创新和效率改进，并向综合服务提供商转型。本章模型的研究试图解释电信运营商捆绑销售对市场竞争环境的影响。

本章的具体结构安排如下：第二部分是本章基本模型的构建和描述；第三部分在无研发竞争的情况下研究垄断企业纯捆绑策略的市场效应；第四部分在有研发竞争时分析垄断企业纯捆绑策略的研发效应以及市场效应；第五部分是本章模型的案例应用，利用本章模型的基本结论分析电信与广电竞争时电信所采取的竞争策略；第七部分为本章的总结。

二、基本模型设定

考虑两种独立的产品 A 和产品 B，两个产品对消费者的价值与两种产品是单独消费还是联合消费无关。产品 A 由企业 1 提供，生产边际成本为 c_A，所有消费者对产品 A 的保留效用为 v_A（$v_A > c_A$），这里假定进入市场 A 是不可行的。产品 B 由企业 1 和企业 2 提供，两企业提供的产品 B_1 和产品 B_2 具有纵向差异，其质量分别为 S_{B_1} 和 S_{B_2}。不妨假定 $S_{B_2} > S_{B_1}$，即企业 2 在产品 B 的生产上更有效率。假定生产两种质量产品的边际成本相同，均为 c_B；固定生产成本均为 0。

我们将消费者群体标准化为 1，且每个消费者对每种产品有单位需求。若消费者支付价格 p 消费质量 S，那么其效用表示为：$U = \theta S - p$；若不消费，则效用为 0。假设消费者对质量的偏好参数为 θ，均匀分布于 $\underline{\theta} \geq 0$ 和 $\overline{\theta} = \underline{\theta} + 1$ 之间。其中，$\underline{\theta}$ 和 $\overline{\theta}$ 表示消费者对质量的最低偏好和最高偏好。企业研发可以提高产品质量，研发诱导的效用函数为：$U_i = \theta S_i + x_i - p_i$。其中，$i = B_1$，$B_2$；$x_i$ 表示质量研发带来的效用提高的水平，企业进行研发需要付出 $\frac{1}{2} g x_i^2$ 的固定成本。为研究捆绑的策略动机，本章假定捆绑没有成本优势或劣势。

三、无研发竞争的捆绑销售策略

当竞争性产品不存在研发竞争时，此博弈为两阶段博弈：第一阶段，企业 1 决定是否将产品 A 和产品 B_1 捆绑销售，若企业 1 选择捆绑销售，则只提供捆绑产品，即这里研究的是纯捆绑。第二阶段，企业 1 和企业 2 进行价格竞争。根据逆向归纳法，第一阶段企业 1 决策后，有两个子博弈：独立销售子博弈和捆绑销售子博弈。

为求解方便，作如下假定：①$\overline{\theta} \geq 2\underline{\theta}$，表示消费者的差异性足够大；②市场完全覆盖；③$\Delta S \geq \Delta x > 0$，$\Delta S = S_{B_2} - S_{B_1}$ 表示质量差异，该假设表示质量提高不可能太大。

（一）独立销售

如果企业 1 选择不捆绑，那么对产品 A 企业 1 进行垄断定价，产品 B 则与企业 2 进行价格竞争。选择产品 B_1 和产品 B_2 无差异的消费者满足条件：

$\theta S_{B_1} - p_{B_1} = \theta S_{B_2} - p_{B_2}$，可知无差异的消费者为：$\theta = \dfrac{p_{B_2} - p_{B_1}}{S_{B_2} - S_{B_1}}$。

由此得出，对 B_1 的需求：$D_{B_1}(p_{B_1}, p_{B_2}) = \dfrac{p_{B_2} - p_{B_1}}{S_{B_2} - S_{B_1}} - \underline{\theta}$；对 B_2 的需求：D_{B_2}

$(p_{B_1}, p_{B_2}) = \overline{\theta} - \dfrac{p_{B_2} - p_{B_1}}{S_{B_2} - S_{B_1}}$。

企业 1 和企业 2 最大化其目标利润函数为：

$$\pi_1(p_{B_1}, p_{B_2}) = v_A - c_A + (p_{B_1} - c_B)\left(\frac{p_{B_2} - p_{B_1}}{S_{B_2} - S_{B_1}} - \underline{\theta}\right) \tag{7-1}$$

$$\pi_2(p_{B_1}, p_{B_2}) = (p_{B_2} - c_B)\left(\overline{\theta} - \frac{p_{B_2} - p_{B_1}}{S_{B_2} - S_{B_1}}\right) \tag{7-2}$$

由利润最大化的一阶条件可得均衡价格为：

$$p_{B_1}^I = c_B + \frac{\overline{\theta} - 2\underline{\theta}}{3}\Delta S \tag{7-3}$$

$$p_{B_2}^I = c_B + \frac{2\overline{\theta} - \underline{\theta}}{3}\Delta S \tag{7-4}$$

可以计算出消费者对企业 1 和企业 2 产品 B 的需求分别为：

$$D_{B_1}^I = \frac{\overline{\theta} - 2\underline{\theta}}{3} \tag{7-5}$$

$$D_{B_2}^I = \frac{2\overline{\theta} - \underline{\theta}}{3} \tag{7-6}$$

企业 1 和企业 2 的利润分别为：

$$\pi_1^I = v_A - c_A + \frac{(\overline{\theta} - 2\underline{\theta})^2}{9}\Delta S \tag{7-7}$$

$$\pi_2^I = \frac{(2\overline{\theta} - \underline{\theta})^2}{9}\Delta S \tag{7-8}$$

由此可得以下命题。

命题 7-1：当没有研发竞争且垄断企业不进行捆绑销售时，$p_{B_2}^I > p_{B_1}^I$，$D_{B_2}^I > D_{B_1}^I$，即对 B 产品的竞争结果是高质量的企业比低质量的企业收取更高的价格，占有更多的市场份额，且获得较高的利润。

当 $\Delta S = 0$，即产品 B 不存在质量差异为同质产品时，独立销售竞争均衡是 $p_{B_1}^I = p_{B_2}^I = c_B$，两企业都以边际成本定价，结果为标准的伯川德竞争。企业 1 仅在产品 A 上获得垄断利润。

（二）捆绑销售

如果企业 1 决定将产品 A 和产品 B_1 捆绑销售，对捆绑产品定价为 $\widetilde{p}$。在这种情况下，消费者有两种选择，或者选择捆绑产品 AB_1，或者选择产品 B_2。选择捆绑产品 AB_1 和选择 B_2 无差异的消费者满足条件：$v_A + \theta S_{B_1} - \widetilde{p} = \theta S_{B_2} - \widetilde{p}_{B_2}$。

因此，无差异的消费者为：$\theta = \dfrac{v_A + \widetilde{p}_{B_2} - \widetilde{p}}{S_{B_2} - S_{B_1}}$。由此得出，对企业 1 的捆绑产品

AB_1 的需求为：$D_{AB_1}(\widetilde{p}, \widetilde{p}_{B_2}) = \dfrac{v_A + \widetilde{p}_{B_2} - \widetilde{p}}{S_{B_2} - S_{B_1}} - \underline{\theta}$；对企业 2 的产品 B_2 的需求为：D_{B_2}

$(\widetilde{p}, \widetilde{p}_{B_2}) = \overline{\theta} - \dfrac{v_A + \widetilde{p}_{B_2} - \widetilde{p}}{S_{B_2} - S_{B_1}}$。

企业 1 和企业 2 最大化目标利润函数：

$$\pi_1(\widetilde{p}, \widetilde{p}_{B_2}) = (\widetilde{p} - c_A - c_B)\left(\frac{v_A + \widetilde{p}_{B_2} - \widetilde{p}}{S_{B_2} - S_{B_1}} - \underline{\theta}\right) \tag{7-9}$$

$$\pi_2(\widetilde{p}, \widetilde{p}_{B_2}) = (\widetilde{p}_{B_2} - c_B)\left(\overline{\theta} - \frac{v_A + \widetilde{p}_{B_2} - \widetilde{p}}{S_{B_2} - S_{B_1}}\right) \tag{7-10}$$

由利润最大化的一阶条件可得均衡价格为：

$$\widetilde{p}^{\,*} = c_B + \frac{2c_A + v_A}{3} + \frac{\overline{\theta} - 2\underline{\theta}}{3}\Delta S \qquad (7\text{-}11)$$

$$\widetilde{p}^{\,*}_{B_2} = c_B + \frac{c_A - v_A}{3} + \frac{2\overline{\theta} - \underline{\theta}}{3}\Delta S \qquad (7\text{-}12)$$

企业 1 和企业 2 的需求分别为：

$$\widetilde{D}^{\,*}_{AB_1} = \frac{\overline{\theta} - 2\underline{\theta}}{3} + \frac{v_A - c_A}{3\Delta S} \qquad (7\text{-}13)$$

$$\widetilde{D}^{\,*}_{B_2} = \frac{2\overline{\theta} - \underline{\theta}}{3} - \frac{v_A - c_A}{3\Delta S} \qquad (7\text{-}14)$$

计算得出企业 1 和企业 2 的利润分别为：

$$\widetilde{\pi}_1 = \frac{[\,v_A - c_A + (\overline{\theta} - 2\underline{\theta})\Delta S\,]^2}{9\Delta S} \qquad (7\text{-}15)$$

$$\widetilde{\pi}_2 = \frac{[\,c_A - v_A + (2\overline{\theta} - \underline{\theta})\Delta S\,]^2}{9\Delta S} \qquad (7\text{-}16)$$

由此可得以下命题。

命题 7-2：如果不存在研发竞争，当企业 1 将产品 A 和产品 B_1 捆绑销售时：

（1）与企业 1 独立销售时相比，$\widetilde{p}^{\,*}_{B_2} < p^I_{B_2}$，企业 2 产品的价格降低。

（2）与企业 1 独立销售时相比，$\widetilde{D}^{\,*}_{B_2} < D^I_{B_2}$，消费者对企业 2 的需求降低。

（3）与企业 1 独立销售时相比，$\widetilde{\pi}_2 < \pi^I_2$，企业 2 的利润降低。

当 $\Delta S = 0$，即产品 B 没有质量差异，为同质产品时，企业 1 捆绑后企业 2 市场价格 $\widetilde{p}^{\,*}_{B_2} = c_B + \dfrac{c_A - v_A}{3} < c_B$，企业 2 将退出市场，企业 1 的捆绑策略会产生市场排斥效应。当 $\Delta S > 0$，即存在质量差异时，企业 1 能否通过捆绑销售排斥竞争对手，取决于质量差异的大小。当 $0 < \Delta S < \dfrac{v_A - c_A}{2\overline{\theta} - \underline{\theta}}$ 时，企业 2 的产品价格低于边际成本，将退出市场，即当产品差异化较小时，产品竞争性较大，此时捆绑

的市场排斥效应较大。

考虑一个虚设的价格 $\tilde{p}_{B_1} = \tilde{p} - v_A$，表示捆绑产品中企业 1 对产品 B_1 的隐性价格。由以上均衡结果可得：

$\tilde{p}_{B_1} = c_B + \dfrac{2c_A - 2v_A}{3} + \dfrac{\overline{\theta} - 2\underline{\theta}}{3}\Delta S < p_{B_1}^I$，即捆绑后产品 B_1 的价格降低。究其原因，捆绑后，企业 1 只有同时通过产品 B_1 的销售来获取对产品 A 的垄断利润，因此，企业 1 愿意对产品 B_1 降价以增加需求，从而增加消费者在产品 A 上的需求以增加垄断利润。企业 1 愿意对产品 B_1 进行降价的最大幅度为 $v_A - c_A$，即从产品 A 销售中获得的垄断利润。

另外，$\tilde{p}_{B_2}^* > \tilde{p}_{B_1}$，即捆绑后，高质量企业仍然比低质量企业收取更高的价格。由此得出以下命题。

命题 7-3：如果不存在研发竞争，企业 1 捆绑后定价更激进，且捆绑策略使企业 1 在产品 B 市场上获得更多的市场份额。

企业 1 捆绑销售的价格低于独立销售时两产品价格之和，迫使企业 2 做出更激进的定价策略，以增强其产品的竞争性。同时，企业 1 捆绑销售后，通过商业窃取效应占据了更大的市场份额，企业 2 的需求减少，价格更具竞争性与需求的下降使企业 2 的利润低于没有捆绑时的利润水平。在没有研发的情况下，企业 1 的捆绑策略促进了市场的竞争性，降低了市场上所有产品的价格，因此，捆绑增加了消费者剩余。

企业 1 捆绑销售带来的利润变化为：$\tilde{\pi}_1 - \pi_1^I = (v_A - c_A)\left[\dfrac{v_A - c_A}{9\Delta S} + \dfrac{2(\overline{\theta} - 2\underline{\theta})}{9} - 1\right]$。

当 $\Delta S < \dfrac{v_A - c_A}{9 - 2(\overline{\theta} - 2\underline{\theta})}$ 时，$\tilde{\pi}_1 > \pi_1^I$，捆绑增加企业 1 的利润，捆绑有"杠杆效应"；当 $\Delta S > \dfrac{v_A - c_A}{9 - 2(\overline{\theta} - 2\underline{\theta})}$ 时，$\tilde{\pi}_1 \leq \pi_1^I$，捆绑降低了企业 1 的利润，此时捆绑并不是一个有利可图的销售策略。当 ΔS 较小时，即两种产品质量差异较小，捆绑增加产品间的差异性，增加捆绑企业的利润，此时捆绑具有"杠杆

效应"；当 ΔS 较大时，即两种产品质量差异较大，捆绑会降低捆绑企业的利润，不具有"杠杆效应"，此时捆绑不是有利可图的策略。由此可得以下命题。

命题7-4：比较企业1捆绑前后利润的变化，可以看出：

（1）当 $\Delta S < \dfrac{v_A - c_A}{9 - 2\ (\overline{\theta} - 2\underline{\theta})}$ 时，企业1捆绑会将企业2排斥出市场，捆绑的市场排斥效应和杠杆效应使企业1捆绑后利润增加。

（2）当 $\dfrac{v_A - c_A}{9 - 2\ (\overline{\theta} - 2\underline{\theta})} < \Delta S < \dfrac{v_A - c_A}{2\overline{\theta} - \underline{\theta}}$ 时，企业1捆绑会将企业2排斥出市场，此时捆绑没有杠杆效应，捆绑带来的更激进的价格竞争效应超过捆绑的市场排斥效应，因此捆绑后企业1的利润降低。

（3）当 $\Delta S > \dfrac{v_A - c_A}{2\overline{\theta} - \underline{\theta}}$ 时，企业1捆绑后不能将企业2排斥出市场，捆绑带来更激进的价格竞争，因此捆绑后企业1的利润降低。

四、有研发竞争的捆绑销售策略

这里将前部分模型进行扩展，考虑产品研发的可能性，分析企业1和企业2对产品B进行研发以提高产品B质量的竞争问题，并分析企业捆绑策略对研发投入的影响。这部分博弈是一个三阶段博弈：第一阶段，企业1决定是否将产品A和产品 B_1 进行捆绑销售；第二阶段，企业1和企业2决定对产品B的研发投入水平；第三阶段，两企业进行价格竞争。笔者仍然用逆向归纳法来求解这个博弈的子博弈均衡。

为便于分析捆绑对研发投入水平的影响，不考虑产品A研发的可能性，只考虑在产品 B 上的研发。假定企业通过研发可提高产品 B 的质量，研发诱导的效用函数为：$U_i = \theta S_i + x_i - p_i$，企业研发的固定投入为 $\frac{1}{2}g x_i^2$，其中，$i = B_1$，B_2。

（一）独立销售时的研发投入

在企业 1 选择独立销售产品 A 和产品 B_1 时，由于消费者对于每个产品的购买决策都是独立的，意味着每个市场可以分开来研究。在产品 B 市场上，消费者选择产品 B_1 和产品 B_2 无差异需满足的条件为：

$\theta S_{B_1} + x_{B_1} - p_{B_1} = \theta S_{B_2} + x_{B_2} - p_{B_2}$。由此得出无差异消费者为：$\theta = \dfrac{p_{B_2} - p_{B_1}}{S_{B_2} - S_{B_1}} -$

$\dfrac{x_{B_2} - x_{B_1}}{S_{B_2} - S_{B_1}}$。

根据以上信息可以很容易计算出消费者对产品 B_1 的需求为：$D_{B_1}(p_{B_1},$

$p_{B_2}) = \dfrac{p_{B_2} - p_{B_1}}{S_{B_2} - S_{B_1}} - \dfrac{x_{B_2} - x_{B_1}}{S_{B_2} - S_{B_1}} - \underline{\theta}$；

对产品 B_2 的需求为：$D_{B_2}(p_{B_1},\ p_{B_2}) = \overline{\theta} - \dfrac{p_{B_2} - p_{B_1}}{S_{B_2} - S_{B_1}} + \dfrac{x_{B_2} - x_{B_1}}{S_{B_2} - S_{B_1}}$。

企业 1 和企业 2 研发后的利润函数分别为：

$$\pi_1(p_{B_1},\ p_{B_2}) = v_A - c_A + (p_{B_1} - c_B)\left(\frac{p_{B_2} - p_{B_1}}{S_{B_2} - S_{B_1}} - \frac{x_{B_2} - x_{B_1}}{S_{B_2} - S_{B_1}} - \underline{\theta} \right) - \frac{1}{2}g x_{B_1}^2 \tag{7-17}$$

$$\pi_2(p_{B_1},\ p_{B_2}) = (p_{B_2} - c_B)\left(\overline{\theta} - \frac{p_{B_2} - p_{B_1}}{S_{B_2} - S_{B_1}} + \frac{x_{B_2} - x_{B_1}}{S_{B_2} - S_{B_1}} \right) - \frac{1}{2}g x_{B_2}^2 \tag{7-18}$$

求解利润最大化的一阶条件可得均衡价格为：

$$p_{B_1}^{IR} = c_B + \frac{x_{B_1} - x_{B_2}}{3} + \frac{\overline{\theta} - 2\underline{\theta}}{3}\Delta S \tag{7-19}$$

$$p_{B_2}^{IR} = c_B + \frac{x_{B_2} - x_{B_1}}{3} + \frac{2\overline{\theta} - \underline{\theta}}{3}\Delta S \tag{7-20}$$

将均衡价格代入利润函数可得企业利润分别如下：

$$\pi_1(x_{B_1},\ x_{B_2})=v_A-c_A+\left(\frac{x_{B_1}-x_{B_2}}{3\Delta S}+\frac{\overline{\theta}-2\underline{\theta}}{3}\right)^2\Delta S-\frac{1}{2}gx_{B_1}^2 \qquad (7-21)$$

$$\pi_2(x_{B_1},\ x_{B_2})=\left(\frac{x_{B_2}-x_{B_1}}{3\Delta S}+\frac{2\overline{\theta}-\underline{\theta}}{3}\right)^2\Delta S-\frac{1}{2}gx_{B_2}^2 \qquad (7-22)$$

下面回到博弈第二期研究企业的最优研发投入，将利润函数式（7-21）和式（7-22）对 x_{B_1} 和 x_{B_2} 分别求一阶偏导数并令其为零即可得均衡时最优的研发水平为：

$$x_{B_1}^I=\frac{4(\overline{\theta}-\underline{\theta})-6g\Delta S(\overline{\theta}-2\underline{\theta})}{g(12-27g\Delta S)} \qquad (7-23)$$

$$x_{B_2}^I=\frac{4(\overline{\theta}-\underline{\theta})-6g\Delta S(2\overline{\theta}-\underline{\theta})}{g(12-27g\Delta S)} \qquad (7-24)$$

将式（7-23）和式（7-24）代入式（7-19）和式（7-20）可以得出企业 1 和企业 2 对产品 B 的定价分别为：

$$p_{B_1}^{IR}=c_B+\frac{\Delta S(\overline{\theta}-2\underline{\theta})}{3}-\frac{2\Delta S(\overline{\theta}+\underline{\theta})}{3(9g\Delta S-4)} \qquad (7-25)$$

$$p_{B_2}^{IR}=c_B+\frac{\Delta S(2\overline{\theta}-\underline{\theta})}{3}+\frac{2\Delta S(\overline{\theta}+\underline{\theta})}{3(9g\Delta S-4)} \qquad (7-26)$$

因而可以计算出消费者对企业 1 和企业 2 提供的产品 B 的需求分别为：

$$D_{B_1}^{IR}=\frac{\overline{\theta}-2\underline{\theta}}{3}+\frac{2(\overline{\theta}+\underline{\theta})}{3(4-9g\Delta S)} \qquad (7-27)$$

$$D_{B^2}^{IR}=\frac{2\overline{\theta}-\underline{\theta}}{3}-\frac{2(\overline{\theta}+\underline{\theta})}{3(4-9g\Delta S)} \qquad (7-28)$$

企业 1 和企业 2 的利润分别为：

$$\pi_1^{IR}=v_A-c_A+\frac{(9g\Delta S-2)[3g\Delta S(\overline{\theta}-2\underline{\theta})-2(\overline{\theta}-\underline{\theta})]^2}{9g(4-9g\Delta S)^2} \qquad (7-29)$$

$$\pi_2^{IR}=\frac{(9g\Delta S-2)[3g\Delta S(2\overline{\theta}-\underline{\theta})-2(\overline{\theta}-\underline{\theta})]^2}{9g(4-9g\Delta S)^2} \qquad (7-30)$$

由此可得以下命题。

命题7-5：当企业1独立销售产品时，$x_{B_1}^I > x_{B_2}^I$，即企业1对产品B_1的研发投入高于企业2对产品B_2的研发投入。

如果企业1不进行捆绑销售，那么研发竞争的均衡为低质量产品的生产者研发投入更多，而高质量产品的生产者研发投入更低。这里的均衡结果是产品差异化降低，两企业产品的质量差异降低，这与质量选择均衡的最大差异化原则不相符。当$\Delta S = 0$时，即产品B没有差异，两个企业都不会进行研发，因为研发后竞争结果为边际成本定价，企业不能收回固定的研发投资。

当$\Delta S < \dfrac{4}{9g}$时，比较有研发竞争和无研发竞争的独立销售博弈均衡，有$D_{B_1}^{IR} > D_{B_1}^I$，$D_{B_2}^{IR} < D_{B_2}^I$。有研发竞争时，企业1的研发投入高于企业2，研发后企业1的需求相比研发前增加，而企业2的需求相比研发前降低。

（二）捆绑销售时的研发投入

当企业1将产品A与产品B_1捆绑销售，定价为$\hat{p}$，企业2对产品B_2定价为$\hat{p}_{B_2}$，此时购买捆绑产品AB_1和产品B_2无差异的消费者满足条件：

$v_A + \theta S_{B_1} + x_{B_1} - \hat{p} = \theta S_{B_2} + x_{B_2} - \hat{p}_{B_2}$。无差异的消费者为：

$$\theta = \frac{v_A + \hat{p}_{B_2} - \hat{p}}{S_{B_2} - S_{B_1}} - \frac{x_{B_2} - x_{B_1}}{S_{B_2} - S_{B_1}}。$$

那么，消费者对捆绑产品的需求为：$D_{AB_1}(\hat{p}, \hat{p}_{B_2}) = \dfrac{v_A + \hat{p}_{B_2} - \hat{p}}{S_{B_2} - S_{B_1}} - \dfrac{x_{B_2} - x_{B_1}}{S_{B_2} - S_{B_1}} - \overline{\theta}$；

对产品B_2的需求为：$D_{B_2}(\hat{p}, \hat{p}_{B_2}) = \overline{\theta} - \dfrac{v_A + \hat{p}_{B_2} - \hat{p}}{S_{B_2} - S_{B_1}} + \dfrac{x_{B_2} - x_{B_1}}{S_{B_2} - S_{B_1}}。$

企业1和企业2研发后的利润函数分别为：

$$\pi_1(\hat{p}, \hat{p}_{B_2}) = (\hat{p} - c_A - c_B)\left(\frac{v_A + \hat{p}_{B_2} - \hat{p}}{S_{B_2} - S_{B_1}} - \frac{x_{B_2} - x_{B_1}}{S_{B_2} - S_{B_1}} - \overline{\theta} \right) - \frac{1}{2}g x_{B_1}^2 \tag{7-31}$$

$$\pi_2(\hat{p},\ \hat{p}_{B_2}) = (\hat{p}_{B_2}-c_B)\left(\overline{\theta}-\frac{v_A+\hat{p}_{B_2}-\hat{p}}{S_{B_2}-S_{B_1}}+\frac{x_{B_2}-x_{B_1}}{S_{B_2}-S_{B_1}}\right)-\frac{1}{2}gx_{B_2}^2 \qquad (7-32)$$

由利润最大化的一阶条件可得均衡价格为：

$$\hat{p}^* = c_B+\frac{2c_A+v_A}{3}+\frac{\overline{\theta}-2\underline{\theta}}{3}\Delta S-\frac{x_{B_2}-x_{B_1}}{3} \qquad (7-33)$$

$$\hat{p}_{B_2}^* = c_B+\frac{c_A-v_A}{3}+\frac{2\overline{\theta}-\underline{\theta}}{3}\Delta S+\frac{x_{B_2}-x_{B_1}}{3} \qquad (7-34)$$

将均衡价格代入利润函数可得：

$$\pi_1(\hat{x}_{B_1},\ \hat{x}_{B_2}) = \Delta S\left(\frac{\overline{\theta}-2\underline{\theta}}{3}-\frac{\hat{x}_{B_2}-\hat{x}_{B_1}}{3\Delta S}+\frac{v_A-c_A}{3\Delta S}\right)^2-\frac{1}{2}g\hat{x}_{B_1}^2 \qquad (7-35)$$

$$\pi_2(\hat{x}_{B_1},\ \hat{x}_{B_2}) = \Delta S\left(\frac{2\overline{\theta}-\underline{\theta}}{3}+\frac{\hat{x}_{B_2}-\hat{x}_{B_1}}{3\Delta S}-\frac{v_A-c_A}{3\Delta S}\right)^2-\frac{1}{2}g\hat{x}_{B_2}^2 \qquad (7-36)$$

下面回到博弈第二期研究企业最优研发投入水平，将利润函数对 x_{B_1} 和 x_{B_2} 分别求一阶偏导数并令其为零可得均衡时最优的研发水平为：

$$\hat{x}_{B_1}^* = \frac{2\left[(v_A-c_A)(9g\Delta S-4)-6\Delta S(\overline{\theta}-\underline{\theta})+9g(\Delta S)^2(\overline{\theta}-2\underline{\theta})\right]}{9g\Delta S(9g\Delta S-4)} \qquad (7-37)$$

$$\hat{x}_{B_2}^* = \frac{2\left[(v_A-c_A)(9g\Delta S-4)-6\Delta S(\overline{\theta}-\underline{\theta})+9g(\Delta S)^2(2\overline{\theta}-\underline{\theta})\right]}{9g\Delta S(9g\Delta S-4)} \qquad (7-38)$$

由此可得以下命题。

命题 7-6：当企业 1 进行捆绑销售时，$\hat{x}_{B_1}^*<\hat{x}_{B_2}^*$，即企业 1 对产品 B_1 的研发投入低于企业 2 对产品 B_2 的研发投入。

如果企业 1 进行捆绑销售，那么研发竞争的均衡为低质量产品的生产者研发投入更少，而高质量产品的生产者研发投入更多。研发竞争使产品 B 的差异性增大，缓解了市场对产品 B 的竞争性，这符合质量选择均衡的最大差异性原则。因为企业 1 捆绑销售会带来更激进的价格竞争，所以选择增大产品 B 的差异性来缓解市场的竞争性，可以增加市场份额，有助于分摊研发投入固定成本，从而增加利润。

将最优的研发投入代入均衡价格可得：

$$\hat{p}^* = c_B + \frac{2c_A + v_A}{3} + \frac{\overline{\theta} - 2\underline{\theta}}{3}\Delta S - \frac{2\Delta S(\overline{\theta} + \underline{\theta})}{3(9g\Delta S - 4)} \tag{7-39}$$

$$\hat{p}_{B_2}^* = c_B - \frac{v_A - c_A}{3} + \frac{2\overline{\theta} - \underline{\theta}}{3}\Delta S + \frac{2\Delta S(\overline{\theta} + \underline{\theta})}{3(9g\Delta S - 4)} \tag{7-40}$$

消费者对企业 1 和企业 2 提供的产品的需求分别为：

$$\hat{D}_{AB_1} = \frac{v_A - c_A}{3\Delta S} + \frac{\overline{\theta} - 2\underline{\theta}}{3} - \frac{2(\overline{\theta} + \underline{\theta})}{3(9g\Delta S - 4)} \tag{7-41}$$

$$\hat{D}_{B_2} = \frac{2\overline{\theta} - \underline{\theta}}{3} - \frac{v_A - c_A}{3\Delta S} + \frac{2(\overline{\theta} + \underline{\theta})}{3(9g\Delta S - 4)} \tag{7-42}$$

企业 1 和企业 2 的利润分别为：

$$\hat{\pi}_1 = \frac{(9g\Delta S - 2)\left[(v_A - c_A)(9g\Delta S - 4) - 6\Delta S(\overline{\theta} - \underline{\theta}) + 9g(\Delta S)^2(\overline{\theta} - 2\underline{\theta})\right]^2}{81g(\Delta S)^2(9g\Delta S - 4)^2}$$

$$\tag{7-43}$$

$$\hat{\pi}_2 = \frac{\Delta S}{9}\left[\frac{v_A - c_A}{\Delta S} - \frac{2(\overline{\theta} + \underline{\theta})}{9g\Delta S - 4} - (2\overline{\theta} - \underline{\theta})\right]^2 -$$

$$\frac{2\left[(v_A - c_A)(9g\Delta S - 4) - 6\Delta S(2\overline{\theta} - \underline{\theta}) + 9g(\Delta S)^2(2\overline{\theta} - \underline{\theta})\right]^2}{81g(\Delta S)^2(9g\Delta S - 4)^2} \tag{7-44}$$

仍然考虑一个虚设价格 $\hat{p}_{B_1} = \hat{p}^* - v_A$ 表示企业 1 对产品 B_1 的隐性定价。由

以上均衡结果可得：$\hat{p}_{B_1} = c_B + \dfrac{2c_A - 2v_A}{3} + \dfrac{\overline{\theta} - 2\underline{\theta}}{3}\Delta S - \dfrac{2\Delta S(\overline{\theta} + \underline{\theta})}{3(9g\Delta S - 4)} < p_{B_1}^{IR}$，企业 1 捆绑

后降低产品价格，捆绑使价格竞争更激烈，增加了市场的竞争性。企业 1 捆绑

前后企业 2 均衡定价的变化 $\Delta p_{B_2} = \hat{p}_{B_2} - p_{B_2}^{IR} = \dfrac{c_A - v_A}{3} < 0$。由此得出以下命题。

命题 7-7：当存在研发竞争时，企业 1 捆绑销售后：

（1）与企业 1 独立销售时相比，$\hat{D}_{B_2} < D_{B_2}^{IR}$，即消费者对企业 2 的需求减少。

（2）与企业 1 独立销售时相比，$\hat{p}_{B_2} < p_{B_2}^{IR}$，即企业 2 降低价格。

（3）与企业 1 独立销售时相比，$\hat{\pi}_2 < \pi_2^{IR}$，即企业 2 的利润下降。

当存在研发竞争时，垄断企业捆绑销售会使市场价格降低，增加市场的竞争性，降低竞争者的市场份额和利润。捆绑后垄断企业的研发投入小于竞争者的研发投入，研发后竞争性产品的差异化程度增大。比较两个竞争性产品的相对研发投入，捆绑降低了垄断企业的相对研发投入，增加了竞争者的相对研发投入。由于所有产品的价格因捆绑而下降，因此捆绑使消费者剩余增加，但对社会福利的影响是不确定的。

五、电信与广电竞争的案例分析

就电信与广电发展历史来说，电信、广电是有明确历史分工的。广电在传统视频内容领域具有强势地位，而电信业在固定电话和移动电话技术网络领域具有强势地位。然而，随着"三网融合"的不断推进，运营商的现有业务也将逐步向着语音、视频、宽带等全业务方向演进，通过为用户提供一揽子的服务而提升自身的市场竞争力。其中 IPTV 业务是电信运营商实现"三网融合"的战略性业务，是电信发展的重要转型业务。IPTV 业务是基于宽带网络开展的以媒体为主的业务，主要提供家庭娱乐，培训咨询以及日常生活信息获取、交互方面的应用。2006 年 9 月，IPTV 率先在上海正式投入商用。在当前 IPTV 的发展中，广电部门在节目内容的制作、播出以及节目的信号传输方面具有优势，而宽带业务运营商的优势则在于网络覆盖面广、产权明确、有长期积累的大型网络运营和管理经验。随着"三网融合"的逼近，电信和广电在业务内容和收入模式上开始趋同，争取客户规模成为电信和广电竞争的重要方向。上海电信为使 IPTV 业务从战略上快速实现用户规模，推出了 IPTV 与 e 家套餐、宽带的捆绑套餐，这拉动了 IPTV 的增长，提高了宽带的黏性，抓住了用户的消费心理，扩大了用户规模。为应对电信的捆绑竞争策略，东方有线大量投入资金进行双向改造，以期实现所有可以在电信运营商 IPTV 上运营的业务。本章的模型研究很好地解释了电信运营商捆绑销售对东方有线电视业务市场份额以及利润的影响，并解释了应对电信捆绑竞争策略，东方有线不断投入资金进行服务和效率创新的策略激励。

无论是否存在研发竞争，垄断企业捆绑销售都会带来所有产品价格的下降，并降低竞争对手的市场份额和利润，垄断企业捆绑具有市场排斥效应。如果竞争性产品不存在研发竞争，当产品的质量差异较小时，垄断企业捆绑能够获得更多的利润，捆绑具有"杠杆效应"；当产品质量差异较大时，垄断企业捆绑会降低利润，此时捆绑不是有利可图的策略。当存在研发竞争时，独立销售时垄断企业研发投入大于竞争者，研发结果导致产品质量差异降低；捆绑销售时，垄断企业的研发投入小于竞争者，研发结果导致产品质量差异增大。比较研发投入的相对变化，独立销售时垄断企业的研发投入大于竞争者，捆绑销售时垄断企业的研发投入小于竞争者。因此，可以看出，捆绑降低了垄断企业研发的激励，而增加了竞争者的研发激励。由于捆绑使所有产品市场价格均下降，因此捆绑增加了消费者剩余；而对社会福利的影响则是不确定的。本章的研究与 Choi（2004）研究的主要不同之处在于，Choi 的研究是基于一个横向差异化的模型，关注产品价格博弈和 R&D 博弈之间的关系，而本章是基于一个纵向差异化模型研究捆绑的研发效应，并且关注两产品 R&D 博弈之间的关系。

此外，本章的研究可以很好地解释电信将宽带与 IPTV 捆绑销售对东方有线利润、市场份额以及创新激励的影响。电信通过将宽带业务与 IPTV 业务捆绑销售，快速扩大了用户规模，拉动了 IPTV 业务的快速增长。同时，电信的捆绑销售增加了在 IPTV 业务上与东方有线的竞争性，使东方有线不断投入以进行服务创新和改造来应对电信捆绑销售对其市场份额的冲击。

第八章　未来研究展望

本书主要研究了捆绑和搭售的策略效应，笔者通过五章内容重点关注搭售引起的杠杆效应、价格歧视效应、研发效应以及通过捆绑获得竞争优势的市场效应，同时进行相应的福利分析，五章不同的研究内容不但完善了搭售的理论分析，而且涵盖了捆绑、搭售的反垄断案例的多种现实背景，因此每部分的研究结论均提出了不同角度的反垄断政策建议。

一、本书研究的政策意义

（一）搭售违法性的判断标准

搭售是商家普遍采用的一种销售策略，同时又是法律所限制的一种策略性行为。我们认可搭售具有对消费者有利的一面，如避免了因单独购买零部件而多次交易承担的交易成本以及因消费者自己组合商品而带来的不便利。正如著名经济学家张五常教授在其论文《企业的契约性质》中所说的："当分别考虑一个产品的零部件不能简便地识别时，在生产者和消费者之间就每一个零件的价格可能比就整个产品的价格达成协议的费用要昂贵得多。就照相机里面的一个弹簧的价格比就照相机的价格达成协议的费用不成比例的高。尽管消费者在评价整个产品的价值时，有最后的发言权，但不可能期望他能识别产品每一零部件的价值——他甚至不知道它们中的一些是什么，甚至不知道它们是否存在。"① 企业利用搭售将新产品同已建立声誉的产品一起销售，是新产品拓展市场的一种方式。此外，对于高科技产品的销售而言，销售商往往要求购买者同时购买配套的零部件，这有利于产品的安全使用。最后，销售商为了保证自己产品的质量和声誉，往往在销售产品的时候附加售后服务等方面的搭售合约，将产品与售后服务捆绑在一起销售有利于消费者和生产者共同明确产品的质量和维修责任。可以看出，搭售的存在有其合理性。

然而，搭售也有其消极性。企业如果进行不正当的搭售行为，难免会实施硬性搭配，损害消费者权益，这有悖于市场营销的观念。有时消费者被迫必须接受被搭售品而放弃选择其他同类产品，这无形中限制了消费者对被搭售产品品质和需求判断的独立性，限制了消费者购买选择的自由性，同时增加了购买成本，造成资金的浪费。再有，市场上的搭售往往表现为出售优质产品时搭售劣质产品，销售紧俏商品时搭售滞销商品，从而直接损害了消费者的利益。此外，搭售往往成为经营者打击其他竞争者之利器，会使其他企业进入市场时面临不公平的进入壁垒，使市场竞争受到损害。因此，尽管搭售在某些情况下有一定的合理性，但具有市场支配地位的企业从事搭售对市场竞争的危害也是显而易见的。美国、欧盟等大多数国家或地区，以及我国的竞争法均有禁止搭售的法律规定，然而随着对搭售理论研究的不断深入，法院对搭售的认识也在不断发生变化。对搭售持不同观点的三个理论派别分别是古典学派、芝加哥学派和后芝加哥学派，这三个理论流派在司法实践和立法上的影响力也大不相同。

（1）最早对搭售进行理论研究的古典理论学者认为，垄断者通过搭售将

① Steven N S Cheung. The Contractual Nuture of the Firm ［J］. Journal of Law and Economics，1983（26）：1-21.

垄断势力传递到被搭售品市场，从而在两个市场上获得垄断利润，并且垄断还可以成为企业实施其他限制竞争行为的辅助手段，这便是古典理论的核心观点：杠杆理论。垄断企业将原本是竞争性的市场变成一个垄断市场，但这种市场结构的改变并不是因为垄断企业提供一个更好的产品或者以更低的价格出售产品，而是因为垄断企业通过搭售在另一个市场创造了市场势力，这种市场结构的改变迫使消费者以更高的价格购买原本在竞争性市场可以以低价购买的产品。由此看来，一个市场的垄断对社会造成了损失，而在第二个市场垄断将会增加这种损失。因此，根据古典理论的观点，对搭售应当按照本身违法原则来判定。虽然古典学派关于搭售的理论更多地依靠人们的生活经验和想象进行判定，没有严格的经济学理论作为支撑，但是在立法和司法实践中得到了极大的肯定。

（2）芝加哥学派以理论基础表明了搭售存在的合理性，超越了单纯以经验来分析搭售现象的局限，从经济学模型上扭转了人们对搭售想当然的排斥态度。一方面，芝加哥学派认为搭售能够有效地促进效率；另一方面，芝加哥学派认为垄断企业搭售是对垄断力量的无效率使用，这样做不仅不能增加利润，反而可能减少利润。鉴于此，芝加哥学派提出了单一垄断利润理论，解释了搭售为什么无法在两个市场获得垄断利润。因此，以芝加哥学派的观点，法院对搭售应当采用本身合法原则。尽管法院认识到搭售有利的一面，但是在判定搭售案件的时候，并没有广泛地采用本身合法原则。

（3）后芝加哥学派对芝加哥学派的搭售理论进行了修正，运用更广泛的经济学理论，提出了搭售有反竞争性后果的观点。当然，后芝加哥学派的论证并没有动摇芝加哥学派的理论基础。后芝加哥学派的学者通过建立更完善的经济学模型发现搭售所导致的经济效应的复杂性，因而大多数学者都承认区分反竞争性的搭售是困难的。由此看来，根据后芝加哥学派的理论主张，法院对搭售应该按照合理推定原则，就具体案例进行具体的分析和判定。

（二）对我国搭售立法的思考

目前，我国的反垄断法对搭售的关注非常稀缺，这是由我国反垄断法产生和实施的特定背景而定的——一方面，随着我国经济越来越依赖于国际市场，企业需要更多地面对国际竞争；另一方面，我国企业的总体规模尚不够大，新兴产业的发展依然比较稚嫩，在与国外同业竞争时处于相对劣势。因此，我国的反垄断法是以增进我国企业竞争力并保护中小企业的发展和消费者利益为主要目的的，在提升经济效益并兼顾公平的道路上仍然任重而道远。要想做到这点，我国的反垄断法执行机构应当具备更高的权威性，并兼顾经济学、法学等多个学科的实践能力，这个要求显然是相当高的。但现状是，除我们的经济学理论对搭售的研究尚且匮乏，搭售行为的司法诉讼也很少，因此没有形成自己的司法经验，在较长的时间内也很难对搭售的经济和法律价值目标做出分析，这是我国在反垄断方面的一个重要困难。

鉴于上述考虑，我国应当在借鉴美国和欧盟立法的基础上，建立符合我国国情的立法判断，引入经济理论的分析，采用合理推定原则，以效率为先导把多种价值目标融入对搭售的违法性判案中。不仅要考虑经济学对反垄断法的最新研究成果，而且还不能过多地依赖执法机构对搭售的自由裁决。应当通过对反垄断法价值目标和经济效率的分析，分离出有利于经济发展、有利于科技进步和有利于消费者福利的有正当理由的搭售。这些有正当理由的搭售包括：保证产品品质的考虑、必要的安全考虑、可以作为风险分担的工具，以及帮助新产品打开市场或者促进参与的搭售；有助于节省成本和增加效率的搭售；出于创新的考虑和出于保护环境及公共安全的搭售等。

二、本书研究的不足与展望

虽然本书的研究内容较现有文献有一定的创新，对搭售理论研究的完善有一定贡献，但是综观整体，本书的研究也存在如下的一些不足：

第一，本书的研究均是基于一定假设前提的理论研究，分析结论有失全面性，理论研究不能完全符合现实市场条件，模型的研究也不能完整地解释和说明现实经济现象，以及存在的问题。

第二，本书的研究基于完全信息假设，没有考虑企业采取捆绑和搭售方式时存在的交易成本问题。实际上，现实经济中往往存在信息不完全和信息不对称的情况，如果加入信息不完全的假设，市场均衡可能会更复杂，结论可能存在差异。

第三，本书对搭售的研究只考虑垄断企业的搭售问题，而没有分析竞争性搭售问题。然而现实中，不存在完全垄断的市场，因此对竞争性企业搭售激励的研究会更有意义。

第四，本书的研究假定竞争性企业已经存在于市场中，没有考虑潜在进入企业的市场进入问题，而进入和退出是市场竞争中很常见的一种现象。

第五，由于笔者专业知识的局限性以及产业组织研究微观数据的难以获取性，本书主要运用博弈论方法进行理论研究，缺乏实证数据检验分析。

虽然笔者尽可能地从多个方面对捆绑和搭售的策略效应做分析，但是相对于整个关于捆绑、搭售的反垄断问题的探讨而言，仍是管中窥豹，这需要研究者以更全面、更合理的研究方式对该问题继续做研究。笔者也期待通过其他研究范式（比如实证）来对本书的一些重要结论加以验证，以追求捆绑、搭售问题研究的更进一步完善。

参考文献

［1］干春晖、钮继新：《网络信息产品市场的定价模式》，《中国工业经济》，2003 年第 5 期，第 34-41 页。

［2］胡世良：《赢在创新：产品创新新思路》，人民邮电出版社，2009 年。

［3］蒋传海：《网络效应、转移成本和竞争性价格歧视》，《经济研究》，2010 年第 9 期，第 55-66 页。

［4］蒋传海、夏大慰：《具有转移成本市场中的企业策略性行为分析》，《财经研究》，2009 年第 35 卷第 6 期，第 77-86 页。

［5］杰伊·皮尔·乔伊：《反垄断研究新进展：理论与证据》，张嫚、崔文杰等译，东北财经大学出版社，2008 年。

［6］J. E. 克伍卡、L. J. 怀特：《反托拉斯革命——经济学、竞争与政策》，林平、臧旭恒等译，经济科学出版社，2007 年。

［7］马西莫·莫塔：《竞争政策——理论与实践》，沈国华译，上海财经大学出版社，2006 年。

［8］曼弗里德·诺伊曼：《竞争政策——历史、理论及实践》，谷爱俊译，北京大学出版社，2003 年。

［9］彭赓、寇纪淞、李敏强：《信息商品捆绑销售与歧视定价分析》，《系统工程学报》，2001 年第 1 期，第 1-6 页。

［10］泰勒尔:《产业组织理论》,张维迎总译校,中国人民大学出版社,1997 年。

［11］唐丁祥、蒋传海:《定价模式、产品差异化与企业的创新激励研究》,《财经研究》,2010 年第 36 卷第 8 期,第 90-99 页。

［12］杨渭文、蒋传海:《滞留成本、竞争性价格歧视和定价机制选择》,《财经研究》,2008 年第 34 卷第 4 期,第 50-61 页。

［13］余嘉明、刘洁:《捆绑销售中的价格策略研究——心理账户理论的运用》,《管理前沿》,2004 年第 5 期,第 4-7 页。

［14］Adams, W. J. & Yellen, J. L., "Commodity Bundling and the Burden of Monopoly", *Quarterly Journal of Economics*, 1976, 90 (3): 475-498.

［15］Adilov, N., "Bundling Information Goods under Endogenous Quality Choice", *Journal of Media Economics*, 2011, 24 (1): 6-23.

［16］Aghion, P. & Bolton, P., "Contracts as a Barrier to Entry", *American Economic Review*, 1987, 77 (3): 388-401.

［17］Ahlborn, C., Evans, D. S. & Padilla, A. J., "Competition Policy on Internet Time: Is European Competition Law Up to the Challenge?", *European Competition Law Review*, 2001, 22 (5): 156-167.

［18］Amelio, A. & Jullien, B., "Tying and Freebies in Two-Sided Markets", IDEI Working Paper, 2007.

［19］Anderson S. P., A. de Palma, Thisse, "Discrete Choice Theory of Product Differentiation", Cambridge MA: MIT Press, 1992.

［20］Anderson, S. P. & Leruth, L., "Why Firms May Prefer not to Price Discriminate Via Mixed Bundling", *International Journal of Industrial Organization*, 1993, 11 (1): 49-61.

［21］Armstrong, M., "Competition in the Pay-TV Market", *Journal of the Japanese and International Economics*, 1999, 13 (4): 257-280.

［22］ Armstrong, M. , "Competiton in Two-Sided Markets", *RAND Journal of Economics*, 2006, 37 (3): 668-691.

［23］ Armstrong, M. & Vickers, J. , "Competitive Nonlinear Pricing and Bundling", *Review of Economic Studies*, 2010, 77 (1): 30-60.

［24］ Armstrong, M. & Wright, J. , "Two-Sided Markets, Competitive Bottlenecks and Exclusive Contracts", *Economic Theory*, 2007, 32 (2): 353-380.

［25］ Ayres, I. & Nalebuff, B. , "Going Soft on Microsoft? The EU's Antitrust Case and Remedy", *The Economists' Voice*, 2005, 2 (2): 1-10.

［26］ Bakos, Y. & Brynjolfsson, E. , "Bundling and Competition on the Internet", *Marketing Science*, 2000, 19 (1): 63-82.

［27］ Bakos, Y. & Brynjolfsson, E. , "Bundling Information Goods: Pricing, Profits and Efficiency", *Management Science*, 1999, 45 (12): 1613-1630.

［28］ Banerjee, D. S. , "Software Piracy: A Strategic Analysis and Policy Instruments", *International Journal of Industrial Organization*, 2003, 21 (1): 97-127.

［29］ Baranes, E. , "Bundling and Collusion in Communication Markets", *Internation Journal of Management and Network Economics*, 2009, 1 (4): 357-377.

［30］ Baye, M. R. & Morgan, J. , "Information Gatekeepers on the Internet and the Competitiveness of Homogeneous Product Markets", *American Economic Review*, 2001, 91 (3): 454-474.

［31］ Bellamy, C. & Child, G. , "European Community Law of Competition", London: Sweet & Maxwell, 2001.

［32］ Bolton, P. , Brodley, J. & Riordan, M. H. , "Predatory Pricing: Strategic Theory and Legal Policy", *Georgetown Law Journal*, 2000, 88 (8): 2239-2330.

［33］ Bork, R. H. , "The Antitrust Paradox: A Policy at War with Itself", New York: Basic Books, 1978.

［34］ Bowman, W. S. , "Tying Arrangements and the Leverage Problem",

Yale Law Journal, 1957, 67 (1): 19-36.

[35] Bulow, J. I. Geanakoplos J. D., & Klemperer, P., "Multimarket Oligopoly: Strategic Substitutes and Complements", *Journal of Political Economy*, 1985, 93 (3): 488-511.

[36] Burstein, M. L., "The Economics of Tie-In Sales", *The Review of Economics and Statistics*, 1960, 42 (1): 68-73.

[37] Byzalov, D., "Unbundling Cable Television: An Empirical Investigation", Mimeographed, 2008.

[38] Carbajo, J., De Meza, D. & Seidman, D. J., "A Strategic Motivation for Commodity Bundling", *Journal of Industrial Economics*, 1990, 38 (3): 283-298.

[39] Carlton, D. W., Greenlee, P. & Waldman, M., "Assessing the Anticompetitive Effects of Multiproduct Pricing", NBER Working Paper Series, Working Paper 14199, 2008.

[40] Carlton, D. W., & Waldman, M., "The Strategic Use of Tying to Preserve and Create Market Power in Evolving Industries", *RAND Journal of Economics*, 2002, 33 (2): 194-220.

[41] Carlton, D. W. & Waldman, M., "Tying, Upgrades and Switching Costs in Durable-goods Markets", NBER Working Paper No. 11407, 2002.

[42] Carlton, Patrick Greenlee & Michael Waldman, "Assessing the Anticompetitive Effects of Multiproduct Pricing", *ANTITRUST BULL*, 2008 (53): 587.

[43] Caves, R. E., Whinston, M. & Hurwitz, M., "Patent Expiration, Entry, and Competiton in the U. S. Pharmaceutical Industry", *Brookings Papers on Economic Activity: Microeconomics*, 1991: 1-48.

[44] Champsaur, P. & Rochet, J., "Multiproduct Duopolists", *Econometrica*, 1989, 57 (3): 533-557.

［45］ Chao, Y. & Derdenger, T. , "Mixed Bundling in Two - Sided Markets: Theory and Evidence", Working Paper, 2010.

［46］ Chen, Y. , "Equilibrium Product Bundling", *Journal of Business*, 1997, 70 (1): 85-103.

［47］ Chipty, T. , "Vertical Integration, Market Foreclosure, and Consumer Welfare in the Cable Television Industry", *The American Economic Review*, 2001, 91 (3): 428-453.

［48］ Choi, J. P. , "A Theory of Mixed Bundling Applied to the GE/Honeywell Merger", *Antitrust*, 2001, 16 (2): 32-33.

［49］ Choi, J. P. , "Bundling New Products with Old to Signal Quality with Application to the Sequencing of New Products", *International Journal of Industrial Organization*, 2003, 21 (8): 1179-1200.

［50］ Choi, J. P. , "Merges with Bundling in Complementary Markets", *Journal of Industrial Economics*, 2008, 56 (3): 553-577.

［51］ Choi, J. P. , "Preemptive R&D, Rent Dissipation, and the 'Leverage Theory' ", *Quarterly Journal of Economics*, 1996, 111 (4): 1153-1181.

［52］ Choi, J. P. , "Tying and Innovation: A Dynamic Analysis of Tying Arrangements", *The Economic Journal*, 2004, 114 (492): 83-101.

［53］ Choi, J. P. , "Tying in Two-Sided Markets with Multi-Homing", *The Journal of Industrial Economics*, 2010, 58 (3): 607-626.

［54］ Choi, J. P. & Stefanadis, C. , "Bundling, Entry Deterrence, and Specialists Innovators", *Journal of Business*, 2006, 79 (5): 2575-2594.

［55］ Choi, J. P. & Stefanadis, C. , "Tying, Investment and the Dynamic Leverage Theory", *RAND Journal of Economics*, 2001, 32 (1): 52-71.

［56］ Crawford, G. S. & Cullen, J. , "Bundling, Product Choice, and Efficiency: Should Cable Television Networks be Offered a La Carte?", *Information*

Economics and Policy, 2007, 19 (3/4): 379-404.

[57] Crawford, G. S. , "The Discriminatory Incentives to Bundle in the Cable Television Industry", *Quantitative Marketing and Economics*, 2008, 6 (1): 41-78.

[58] Crawford, G. S. & Yurukoglu, A. , "The Welfare Effects of Bundling in Multichannel Television Markets", *American Economic Review*, 2012, 102 (2): 643-685.

[59] Denicolo, V. , "Compatibility and Bundling with Generalist and Specialist Firms", *Journal of Industrial Economics*, 2000, 48 (2): 177-188.

[60] Donnenfeld S. & Weber, S. , "Limit Qualities and Entry Deterrence", *RAND Journal of Economics*, 1995, 26 (1): 113-130.

[61] Donnenfeld S. & Weber, S. , "Vertical Product Differentiation with Entry", *International Journal of Industrial Organisation*, 1992, 10 (3): 449-472.

[62] Economides, N. , "Desirability of Compatibility in the Absence of Network Externalities", *American Economic Review*, 1989, 79 (5): 1165-1181.

[63] Economides, N. , "Mixed Bundling in Duopoly", NYU Stern School of Business Working Paper, 1993.

[64] Economides, N. & Salop, S. C. , "Competition and Integration Among Complements, and Network Market Structure", *Journal of Industrial Economics*, 1992, 40 (1): 105-123.

[65] Eppen, G. D. , Hanson, W. A. & Martin R. K. , "Bundling New Products, New Markets, Low Risk", *Sloan Management Review*, 1991, 32 (4): 7-14.

[66] Evans, D. S. & Salinger, M. A. , "The Role of Cost in Determining When Firms Offers Bundles", *Journal of Industrial Economics*, 2008, 56 (1): 143-168.

[67] Evans D. S. , Salinger M. , "Why Do Firms Bundle and Tie? Evidence

from Competitive Markets and Implications for Tying Law", *Yale Journal on Regulation*, 2005, 22 (1): 37-89.

[68] Evans, D. S. & Schmalensee, R. , "The Industrial Organization of Markets with Two - Sided Platforms", *Competition Policy International*, 2007, 3 (1): 150-179.

[69] Fang, H. M. & Norman, P. , "To Bundle or Not to Bundle", *RAND Journal of Economics*, 2006, 37 (4): 946-963.

[70] Farrell, Joseph and Carl Shapiro, "Dynamic Competition with Switching Costs", *RAND Journal of Economics*, 1988, 19 (1): 123-137.

[71] Fudenberg, D. & Tirole, J. , "Preemption and Rent Equilization in the Adoption of New Technology", *Review of Economic Studies*, 1985, 52 (3): 383-401.

[72] Gandal, S. Markovich, M. Riordan, "Ain't it 'Suite'? Bundling in the PC Office Software Market", *Strategic Management Journal*, 2018, 39 (8): 2120-2151.

[73] Gans, J. S. & King, S. P. , "Paying for Loyalty: Product Bundling in Oligopoly", *The Journal of Industrial Economics*, 2006, 54 (1): 43-62.

[74] Geng, X. J. , Stinchcombe, M. B. & Whinston, A. B. , "Bundling Information Goods of Decreasing Value", *Management Science*, 2005, 51 (4): 519-678.

[75] Gilbert, R. J. & Riordan, M. H. , "Product Improvement and Technological Tying in A Winner-Take-All Market", *The Journal of Industrial Economics*, 2007, 55 (1): 113-139.

[76] Greenlee, P. , Reitman, D. & Sibley, D. S. , "An Antitrust Analysis of Bundled Loyalty Discounts", *International Journal of Industrial Organization*, 2008, 26 (5): 1132-1152.

[77] Guiltinan, Joseph P., "The Price Bundling of Services: A Normative Framework", *Journal of Marketing*, 1987, 51 (2): 74-85.

[78] Hanming Fang, Peter Norman, "An Efficiency Rationale for Bundling of Public Goods," Cowles Foundation Discussion Papers 1441, Cowles Foundation for Research in Economics, Yale University, 2003.

[79] Hanson, W. & Martin. R. K., "Optimal Bundle Pricing", *Management Science*, 1990, 36 (2): 155-174.

[80] Harrington, J., "Collusion Among Asymmetric Firms: The Case of Different Discount Factors", *International Journal of Industrial Organization*, 1989, 7 (2): 289-307.

[81] Hausman, J. A. & Sidak, J. G., "Did Mandatory Unbundling Achieve Its Purpose? Empirical Evidence from Five Countries", *Journal of Competition Law and Economics*, 2005, 1 (1): 173-245.

[82] Hitt, L. M., & Pei - Yu C., "Bundling with Customer Self - Selection: A Simple Approach to Bundling Low Marginal Cost Goods", *Management Science*, 2005, 51 (10): 1481-1493.

[83] Hagiu, A., "Tow-Sided Platforms: Product Variety and Pricing Structure", *Journal of Economics & Management Strategy*, 2009, 18 (4): 1011-1043.

[84] Hotelling, H., "Stability in Competition", *Economic Journal*, 1929, 39 (153): 41-57.

[85] Hull, D., "Tying: A Transatlantic Perspective", in marsden, P. (ed.), *Handbook of Research in Trans-Atlantic Antitrust*, Cheltenham: Edward Elgar Publishing, 2006.

[86] Jeon, D. S. & Menicucci, D., "Bundling and Competition for Slots: On the Porfolio Effects of Bundling", No. 09-069, TSE Working Paper, 2009.

[87] Kahneman, D. & Tversky, A., "Prospect Theory: An Analysisi of De-

cision Under Risk", *Econometrica*, 1979, 47 (2): 263-291.

[88] Kallaugher and Sher, "Rebates Revisited: Anti-Competitive Effects and Exclusionary Abuse Under Article 821", *European Competition Law Review*, 2004 (5): 263-268.

[89] Kamecke & Ulrich, "Tying Contracts and Asymmetric Information", *Journal of Institutional and Theoretical Economics*, 1998, 154 (3): 531-545.

[90] Katz, M. L. & Shapiro, C., "On the Licensing of Innovations", *RAND Journal of Economics*, 1985, 16 (4): 504-520.

[91] Keller G. & Rady, S., "Price Dispersion and Learning in a Dynamic Differentiated-Goods Duopoly", *RAND Journal of Economics*, 2003, 34 (1): 138-165.

[92] Kramer, J., "Bundling Vertically Differentiated Communications Services to Leverage Market Power", *The Journal of Policy*, *Regulation and Strategy for Telecommunications*, 2009, 11 (3): 64-74.

[93] Liebowitz, S. J., "Tie-In Sales and Price Discrimination", *Economic Inquiry*, 1983, 21 (3): 387-399.

[94] Loana Chioveanu, Zhou, Jidong, "Price Competition and Consumer Confusion," MPRA Paper 17340, University Library of Munich, Germany, 2009.

[95] Martin P., "Bundling May Blockade Entry", *International Journal of Industrial Organization*, 2008, 26 (1): 41-58.

[96] Martin, S., "Strategic and Welfare Implications of Bundling", *Economics Letters*, 1999, 62 (3): 371-376.

[97] Mathewson, F. & Winter, R., "Tying as a Response to Demand Uncertainty", *RAND Journal of Economics*, 1997, 28 (3): 566-583.

[98] Matutes, C. & Regibeau, P., "Compatibility and Bundling of Complementary Goods in a Duopoly", *Journal of Industrial Economics*, 1992, 40

（1）：37-54.

［99］Matutes, C. & Regibeau, P. , "Mix and Match: Product Compatibility without Network Externality", *RAND Journal of Economics*, 1988, 19（2）：221-234.

［100］McAfee, P. , McMillan, J. & Whinston, M. , "Multiproduct Monopoly, Commodity Bundling, and Correlation of Values", *Quarterly Journal of Economics*, 1989, 104（2）：371-384.

［101］Milgrom, P. & Shannon, C. , "Monotone Comparative Statics", *Econometrica*, 1994, 62（1）：157-180.

［102］Motta, Massimo, "Competition Policy – Theory and Practice", New York: Cambridge University Press, 2004.

［103］Motta, M. , "Cooperative R&D and Vertical Product Differentiation", *International Journal of Industrial Organization*, 1992, 10（4）：643-661.

［104］Nalebuff, Barry, "Exclusionary Bundling," *Antitrust Bulletin*, 2005, 50（3）：321-370.

［105］Nalebuff B. , "Competing Against Bundles, in Incentives, Organization, and Public Economics", Oxford: Oxford University Press, 2000.

［106］Nalebuff, B. , "Bundling as An Entry Barrier", *Quarterly Journal of Economics*, 2004, 119（1）：159-188.

［107］Nalebuff, B. J. , "Bundling and the GE – Honeywell Merger", Yale School of Management Working Paper 22, 2002.

［108］Nalebuff, B. J. , "Bundling, Tying, and Portfolio Effects", DTI Economics Paper No.1, 2003.

［109］O' Brien, Daniel and Greg Shaffer, "Bargaining, Bundling, and Clout: The Portfolio Effects of Horizontal Mergers", *RAND Journal of Economics*, 2005, 36（1）：573-595.

［110］Ponsoldt, J. F. & David, C. D. , "A Comparison Between U. S. and E. U. Antitrust Treatment of Tying Claims Against Microsoft: When Should the Bundling of Computer Software Be Permitted?" *Northwestern Journal of International Law & Business*, 2007, 27 (2): 421–452.

［111］Posner, R. A. , "Antitrust Law: An Economic Perspective", Chicago: University of Chicago Press, 1976.

［112］Posner R. A. , "The Chicago School of Antitrust Analysis," *University of Pennsylvania Law Review*, 1979 (127): 933–936.

［113］Reisinger, M. , "Product Bundling and the Correlation of Valuations in Duopoly", University of Munich, Working Paper, 2006.

［114］Rey, P. & Tirole, J. , "A Primer on Foreclosure", *Handbook of Industrial Organization*, 2007 (3): 2145–2220.

［115］Ritter, L. , Braun, E. D. & Rawlinson, F. , "European Competition Law: A Practitioner's Guide", 2en ed, The Hague: Kluwer, 2000.

［116］Rochet, J.C. , & Tirole, J. , "Cooperation among Competitors: The Economics of Credit Card Associations", CEPR Discussion Paper 2101, 1999.

［117］Rochet, J. C. & Tirole, J. , "Platform Competiton in Two-Sided Markets", *Journal of European Economic Association*, 2003, 1 (4): 990–1029.

［118］Rochet, J. C. & Tirole, J. , "Two-Sided Markets: A Progess Report", *RAND Journal of Economics*, 2006, 37 (3): 645–667.

［119］Rochet, J. C. & Tirole, J. , "Tying in Two-sided Markets and the Impact of The Honor All Cards Rule", IDEI Working Paper, 2003.

［120］Roson, R. , "Two-Sided Markets: A Tentative Survey", *Review of Network Economics*, 2005, 4 (2): 142–160.

［121］Salinger, M. A. , "A Graphical Analysis of Bundling", *Journal of Business*, 1995, 68 (1): 85–98.

[122] Salop, S. C., "Monopolistic Competiton with Outside Goods", *Bell Journal*, 1979, 10 (1): 141–156.

[123] Schmalensee, R., "Gaussian Demand and Commodity Bundling", *Journal of Business*, 1984, 57 (1): 211–230.

[124] Schmalensee, R., "Product Differentiation Advantages of Pioneering Brands", *American Economic Review*, 1982, 72 (3): 349–366.

[125] Schmitz, S. W., "The Effects of E-commerce on the Structure of Intermediation," *Journal of Computer-Mediated Comannication*, 2000, 5 (3).

[126] Seidmann, D., "Bundling as a Facilitation Device: A Reinterpretation of Leverage Theory", *Economica*, 1991, 58: 491–499.

[127] Shaked, A. & Sutton, J., "Relaxing Price Competition through Product Differentiation", *The Review of Economic Studies*, 1982, 49 (1): 3–13.

[128] Shy, O., "The Economics of Network Industries", Cambridge: Cambridge University Press, 2001.

[129] Slade, M. E., "The Leverage Theory of Tying Revisited: Evidence from Newspaper Advertising", *Southern Economics Journal*, 1998, 65 (2): 204–222.

[130] Spector, D., "Bundling, Tying, and Collusion", *International Journal of Industrial Organization*, 2007, 25 (3): 575–581.

[131] Spence, M. & Owen, B., "Television Programming, Monopolistic Competition and Welfare", *Quarterly Journal of Economics*, 1977, 91 (1): 103–126.

[132] Spier, K. E. & Dana, J. D., "Bundling and Firm Reputation", Harvard Law and Economics Discussion Paper No. 649, 2009.

[133] Stole, L. A., "Nonlinear Pricing and Oligopoly", *Journal of Economics and Management Strategy*, 1995, 4 (4): 529–562.

［134］Stremersch, S. and G. J. Tellis, "Strategic Bundling of Products and Prices: A New Synthesis for Marketing", *Journal of Marketing*, 2002, 66 (1): 55-72.

［135］Thaler R., "Mental Accounting and Consumer Choice", *Marketing Science*, 1985, 4 (3): 177-266.

［136］Thisse, J. & Vives, X., "On the Strategic Choice of Spatial Price Policy", *American Economic Review*, 1988, 78 (1): 122-137.

［137］Tirole, J., "The Analysis of Tying Cases: A Primer", *Competition Policy International*, 2005, 1 (1): 1-25.

［138］Thanassoulis, J., "Competitive Mixed Bundling and Consumer Surplus", *Journal of Economics and Management Strategy*, 2007, 16 (2): 437-467.

［139］Whinston, M. D., "Tying, Foreclosure, and Exclusion", *American Economic Review*, 1990, 80 (4): 837-859.

［140］Whinston, M., "Exclusivity and Tying in U. S. v. Microsoft: What We Know, and Don't Know", *Journal of Economic Perspectives*, 2001, 15 (2): 63-80.

［141］Wright, J., "One-Sided Logic in Two-Sided Markets", *Review of Network Economics*, 2004, 3 (1): 44-64.

［142］Wright, J., "Optimal Card Payment Systems", *European Economic Review*, 2003, 47 (4): 587-612.

［143］Yadav M. S., K. B. Monroe, "How Buyers Perceive Savings in a Bundle Price: An Examination of a Bundle's Transaction Value", *Journal of Marketing Research*, 1993, 30 (8): 350-358.